Michael Pauzenberger

Bohnengold

•

Kaffee rösten, mahlen, zubereiten

*Dieses Buch ist meiner Frau Martina sowie meinen Kindern
Emma und Leo gewidmet. Ebenso meiner Ur-Familie, die mich
immer bestärkt hat, das zu tun, was ich tue. Ohne diese lieben
Menschen wäre ich nicht der, der ich heute bin.
Danke!*

INTERAKTIVES LESEVERGNÜGEN MIT DER **FREYA BÜCHER-APP**!

Ab sofort können Sie unsere Bücher mit der *kostenlosen* App interaktiv entdecken. Videos, Zusatzinhalte und mehr Informationen aus den Freya Büchern steigern Ihr Lesevergnügen und bieten Ihnen faszinierende Einblicke.

So einfach geht's:

1. Laden Sie die *kostenlose* Freya Bücher-App im Google Play Store oder im Apple App Store auf Ihr Smartphone oder Ihr Tablet. Dieser QR-Code bringt Sie direkt zum Download!
2. Wählen Sie Ihr Buch aus der Liste in der Freya Bücher-App aus und drücken Sie auf „Bild scannen". Automatisch wird Ihre Kamera aktiviert.
3. Halten Sie Ihr Smartphone oder Ihr Tablet jeweils über die Bilder in Ihrem Buch, die mit einem kleinen Handysymbol versehen sind.
4. Dann öffnen sich die zusätzlichen interaktiven Elemente von selbst. Schon haben Sie Zugang zu weiteren Informationen und Videos aus dem Buch.

Freya Bücher

Hier die App downloaden

Bilder mit diesem Symbol scannen

Hinweise:

Sollten die Bilder von der App nicht erkannt werden, stellen Sie bitte sicher, dass das Buch ausreichend beleuchtet ist, und verringern Sie gegebenenfalls den Abstand zur Kamera. Ihr elektronisches Gerät muss mit dem Internet verbunden sein.

ISBN 978-3-99025-308-3
© 2017 Freya Verlag GmbH
Alle Rechte vorbehalten
printed in EU

Layout: freya_art, Christina Diwold
Lektorat: Dorothea Forster
Fotos & Illustrationen: Michael Pauzenberger, Christina Diwold, weitere siehe S. 143

READ GLOBAL BUY LOCAL

Michael Pauzenberger

Bohnengold

KAFFEE

rösten
mahlen
zubereiten

freya

Inhalt

KAFFEE

Vorwort

Mag. Patricia Pauzenberger

Kaffee, das Getränk mit den meisten flüchtigen Aromastoffen, ist aus unserem Alltag nicht mehr wegzudenken. Der Pro-Kopf-Verbrauch in Österreich liegt bei etwa 8 kg und wächst kontinuierlich.

Das ist leicht zu erklären, denn Kaffee gilt heute nicht nur mehr als anregendes Getränk, sondern vielmehr als Genussmittel, das sich auch stilvoll konsumieren lässt. Das Interesse des Konsumenten an Reinsorten, speziellen Zubereitungsarten und besonderen Kaffeerezepten steigt.

Michael Pauzenberger hat dem Kaffee ein ganz besonderes Buch gewidmet, das Fragen ausführlich, verständlich und mit echter Leidenschaft für guten Kaffee beantwortet. Man erfährt etwas von der Geschichte des Getränks, bekommt einen Überblick über die Anbaugebiete, die typischen Kaffeesorten und über die Handhabung von der Bohne bis hin zur wohlschmeckenden Tasse des „schwarzen Goldes". Ein spannendes Kapitel liefert die Kaffeeröstung, in dem alle Schritte auch bildlich sehr schön dargestellt sind. Mit diesem Buch will Michael Pauzenberger Ihnen Unterstützung bieten, damit die Kaffeeröstung auch zu Hause möglich ist. Sie werden u. a. über den richtigen Mahlgrad sowie die verschiedenen Kaffeezubereitungsarten ausführlich informiert.

Michael und seine Frau Martina führen in Neumarkt am Hausruck in Oberösterreich ein Lebensmittelgeschäft – Emmas Laden. Die Schwerpunkte sind auf biologische, regionale, nachhaltige und ökologische Lebensmittel gesetzt. In Emmas Laden sind alle erwähnten Kaffeeutensilien und natürlich beste fair-gehandelte Arabica-Sorten erhältlich.

Da Michael Pauzenberger seine Kaffeeleidenschaft mit vielen teilen möchte, bietet er regelmäßig Seminare und Kaffeeschulungen an.

Viel Vergnügen und genussreiche Augenblicke wünscht

Mag. Patricia Pauzenberger

Diplom-Kaffee-Sommelière

MAS Markus Madar

Als Sektionschef der Österreichischen Qualitätsröster war es mir ein großes Vergnügen, Martina und Michael Pauzenberger bei uns aufzunehmen. Ihre Liebe und fachliche Kompetenz zum Arabica Kaffee sind einzigartig. Mit Leichtigkeit erfüllten sie unsere strengen Aufnahmekriterien. Michael Pauzenberger legt beim Rösten höchsten Wert auf die original Wiener Röstung. Ich wünsche weiterhin alles Gute und viel Erfolg im Sinne des bekömmlichen Kaffees.

MAS Markus Madar

Prof. Leopold Edelbauer

Im Dienste der Kaffeeaufklärung ist der Kaffee-Apostel Michael Pauzenberger bestrebt, sein Kaffeewissen zum Wohl der Menschen weiterzugeben und die österreichische Kaffeetradition und Qualität zu erhalten und zu pflegen.

Alles Gute,

Prof. Leopold J. Edelbauer

Kaffee kann man mit allen Sinnen erleben ...

Bis in die späten 50er-Jahre hatte noch fast jeder Haushalt einen eigenen Kaffeeröster im Haus. Hierbei wurde meist mit einem Pfannen- oder Kugelröster am Holzofen in der Küche geröstet. Dabei wurden oftmals Dinkel oder auch Feigen mit Kaffee vermischt. Man wusste noch um die Kunst des Veredelns von Lebensmitteln und Pflanzen jeglicher Art.

Da Kaffee immer schon ein Luxusartikel war und bis heute ist, konnten sich damals viele Leute regulären Kaffee nicht leisten. Dadurch gab es in vielen Haushalten den sogenannten „Blümchen-Kaffee", der nur aus Kaffee-Surrogat, also aus verschiedenen Getreidesorten und Co., bestand.

Hier in Österreich können wir auf eine großartige Kaffeekultur und -tradition zurückgreifen. Doch geht diese leider langsam immer mehr verloren. Viele von uns wissen nicht mehr, wie man von Hand Kaffee röstet, geschweige denn wie Kaffee grundsätzlich hergestellt wird oder wo es kleine Kaffeeröstereien gibt, die diese ursprüngliche Tradition noch praktizieren. Wir leben in einer schnelllebigen Zeit, in welcher der Kaffee „to go" aus dem Pappbecher an der Tagesordnung steht. Leider. Das frühere Zelebrieren der Kaffeekultur im Kaffeehaus oder zuhause geht schön langsam zu Ende. Trotzdem besinnen sich wieder viele Mitmenschen auf Althergebrachtes. Der noch vor Kurzem verpönte Filterkaffee findet zum Beispiel immer mehr in die heimischen Haushalte zurück.

Mit diesem Buch möchte ich mein erlangtes Wissen weitergeben, das ich durch meine Ausbildungen und Erfahrungen gesammelt habe. Am Anfang habe ich in der Garage über Riechen, Sehen und Fühlen ca. 1,6 Tonnen Kaffee von Hand über dem offenen Feuer geröstet. Alleine über die Arbeit mit dem kleinen Handröster, bei dem man selbst kurbeln muss, die Zeitdauer und die Menge an Rohkaffee, die ich in ungefähr zwei bis drei Jahren von Hand gekurbelt verarbeitet habe, weiß ich, wann der Kaffee fertig ist, ohne ihn mehrmals kontrollieren zu müssen.

Ich habe dieses Fachbuch aus dem Grund geschrieben, um Interessierten einen Zugang zu verschaffen und es ihnen zu erleichtern, in die Thematik einsteigen zu können. Ich habe selbst mehrere Kaffeeröster gebaut oder war daran beteiligt. Zumeist waren es Handtrommelröster, die gefertigt wurden. Mit meinem Bruder stellte ich einen Röster her, der eine Trommel aus hochhitzebeständigem Glas hat. Diesen Röster gibt es nur sieben Mal, in genau dieser Art und Weise, auf der Welt. Er wurde einem Röster um 1800 nachempfunden, den ich auf einem Bild gesehen habe.

Mir war es wichtig, mich nicht nur mit dem Rohkaffee selbst auseinanderzusetzen, sondern die Schritte vor und nach dem Rösten zu erlernen. Den technischen Hintergrund zu kennen war für mich ebenso von großer Bedeutung.

1 Kugelröster um die Jahrhundertwende 2 Pfannenröster um die Jahrhundertwende 3 Mein erster Kaffeeröster (Trommelröster), gebaut von meinem Vater 4 Kaffeeröster mit Glastrommel, nachgebaut und verbessert nach einem Modell um 1800

SCAN ZUM VIDEO

Bis heute habe ich noch keine andere Stütze als ein Röstprofil, das der Computer erstellt. Ich brauche es aber nicht. Ich habe Stunden von Hand gekurbelt und deswegen höre, rieche und spüre ich, wann die Röstung perfekt ist. Es ist eine wunderbare Handarbeit.

Heute röste ich auf einem kleinen Shopröster. Das sind Kaffeeröstmaschinen, die entweder mit Gas oder elektrisch beheizt und durch einen Motor betrieben werden. Es gibt verschiedenste Ausführungen davon. Dieser nimmt mir lediglich die Arbeit ab, von Hand zu drehen, was auch eine Erleichterung ist. Der Rest ist hier wie beim Rösten mit dem kleinen Trommelröster noch richtige Handarbeit. Man muss alles manuell machen und kann das Rösten richtig er- und ausleben.

Wissen weitergeben

Mir ist es auch immer wichtig, die Tradition in Ehren zu halten und mein Wissen weiterzugeben. In meinen Kursen wird das Rösten von Hand erlernt. Sie sind für Liebhaber der Kaffeebohne, Mitarbeiter in der Gastronomie, für jene, die Kaffeeröster werden, und auch solche, die sich einfach nur weiterbilden möchten. Mittlerweile bin ich auch sehr viel in beratender Tätigkeit unterwegs oder halte Vorträge über Kaffee.

Dieses Fachbuch soll Sie dabei unterstützen, Kaffeekunst zu erleben und zu erlernen.

... WEIL ICH ES LIEBE, MEIN BOHNENGOLD!

Über mich

Ich wurde am 27. September 1989 in Grieskirchen geboren und ging in Kallham zur Schule. Anschließend machte ich meine Lehre in der Gastronomie. Doch am Tag meiner Lehrabschlussprüfung stellte sich mir die Frage, ob dies nun alles gewesen sei. Tranchieren und Dekantieren konnte ich sehr gut, da ich dies auch in der Lehre oftmals machen durfte und musste. Meine Passion hatte ich jedoch bald gefunden ...

Das Thema der Heißgetränke war es, das mich fesselte. Mit dem Kurs zum Kaffee-Experten und anschließend zum Teesommelier wurde mein Feuer der Leidenschaft geweckt und ich freute mich über das neu erworbene Wissen und meine ersten Errungenschaften auf diesem Gebiet. Zuhause in der elterlichen Garage fing ich sogleich an, für mich und meine Familie Kaffee zu rösten. Mein Vater baute mir nach einem alten Foto meinen ersten Kaffeeröster. Schnell wollte ich noch tiefer in die Thematik einsteigen und machte weitere Ausbildungen in Wien am Kaffeeinstitut. Kaffee fesselte und prägte mich derart, dass ich heute auch wirklich liebe, was ich tue. Seit dem Jahr 2010 röste ich nun schon meinen Kaffee. Im September 2016 wurde ich, zu meiner großen Freude, in die Riege der Qualitätsröster aufgenommen, weiters bin ich nunmehr auch Röstmeister. Ich unterrichte zurzeit auch am WIFI Grieskirchen. Dort biete ich meine Kaffee-Experten-Kurse an. Seit geraumer Zeit werde ich auch gebucht, um Verkostungen zu organisieren, durchzuführen und in anderen Röstereien die Qualität von Kaffees durch sensorische Prüfung zu testen. Oftmals werde ich auch von Kaffeehäusern in beratender Funktion herangezogen.

Meine Philosophie

„Meine Leidenschaft ist es, den reinsten Rohstoff aus der Natur zu veredeln und in höchsten Genuss zu verwandeln."

Michael Pauzenberger

Was sind die Kernkompetenzen eines Chef-Diplom-Kaffeesommeliers?

Viele Kaffeeinteressierte kennen den Begriff *Barista*, der *Kaffeesommelier* ist dagegen etwas unbekannter.

Barista sind Fachleute, die sich mit der Zubereitung von Kaffee, der Kaffeemaschine, ihrer Einstellung und dem Verschönern des fertigen Kaffees in der Tasse sowie dem Verkosten sehr gut auskennen.

Im Vergleich dazu sind **Kaffeesommeliers** Fachleute, die sich mit den Details des Kaffeeanbaus, mit der Qualität, dem Rösten, auch der Kaffeezubereitung auskennen und sich überdies mit den wissenschaftlichen Hintergründen, vor allem auch den Auswirkungen auf die Gesundheit beschäftigen. In der Ausbildung zum Kaffeesommelier muss man das Rösten von Anfang an lernen. Vor allem die Röstung von Hand ist eine der wichtigsten Kompetenzen des Kaffeesommeliers.

Jedoch sind auch so manche Parallelen zwischen Sommelier und Barista vorhanden. Auch ich habe sowohl die Ausbildung zum Chef-Diplom-Kaffeesommelier als auch eine Barista-Ausbildung absolviert.

schön zu
wissen!

Legenden um die Entstehung von Kaffee

Es gibt zahlreiche Legenden, die sich rund um die Entstehung von Kaffee ranken. In vielen davon geht es darum, dass das Getränk aus der Kaffeebohne anregt und wachhält.

Eine der ältesten Überlieferungen ist folgende:

Legende vom Kloster Chehodet im Jemen

Hirten weideten ihre Ziegen auf den Hügeln um das Kloster. Nach einer Weile bemerkten sie, dass ihre Ziegen laut blökten und sich wirr herumtrieben. Die Ziegen waren derart an- und aufgeregt, dass sich die Hirten Sorgen machten und Hilfe bei den Mönchen suchten. Diese entdeckten bald, dass die Ziegen rote Beeren eines bestimmten Strauches gefressen hatten und dies die Ursache für das besondere Verhalten sein musste. Der Abt versuchte sich in verschiedensten Arten der Verwendung dieser seltsamen Früchte. Nach mehreren Anläufen löste er das Fruchtfleisch ab, trocknete die Kerne, warf sie in den Kessel und röstete diese. Im Anschluss rieb er die Bohnen und brühte daraus ein Getränk mit Wasser. Nachdem er diesen ausgekochten Sud zu sich genommen hatte, bemerkte er an sich dieselben Symptome wie bei den Ziegen. Das Aufgewecktsein hielt ihn lange bis in die Nacht wach. Diese Erfahrung veranlasste ihn, das besondere Gebräu auch seinen Mönchen zu trinken zu geben.

Eine zweite Legende, die auch sehr verbreitet ist, ist jene von Scheich Omar, der ein Anhänger Allahs war.

Legende von Scheich Omar

Auf seiner Pilgerreise nach Mekka mit seinem Freund und heiligen Führer Scheich Shadheli, wusste Letzterer bereits, dass er Mekka nicht erreichen würde. In der Nähe des Berges Ebrek wandte er sich an Scheich Omar. Er teilte ihm mit, dass nun die gemeinsame Reise bald enden würde. Sie pausierten kurz vor einem Berg. Shadheli meinte, er würde schon bald zu Allah aufsteigen. Dieser würde Omar einen Boten schicken, damit er durch ihn ein gutes Werk vollbringe.

Die Nacht brach herein und beide legten sich schlafen, doch Scheich Shadheli wachte am nächsten Morgen nicht mehr auf. Kurz darauf erschien Scheich Omar eine Gestalt in weiter Bekleidung und er hörte eine Stimme. Sie sprach zu ihm freundlich, er solle genau, wo er stünde, zu graben beginnen. Omar erinnerte sich, was Scheich Shadheli am Abend zuvor gesagt hatte, begann sofort zu graben und die Erscheinung verschwand. Er grub und grub und plötzlich schossen Unmengen an Wasser aus dem äußerst vertrockneten Boden. Als er Allah für dieses Wunder danken wollte, stand plötzlich der Geist von Shadheli vor ihm. Er sagte zu Omar, er solle eine Schale mit Wasser füllen. Dies sei seine Seele und sobald diese auf seiner weiteren Reise ruhig würde, solle er an jener Stelle verweilen, bis Allah sich wieder bemerkbar mache. Wie, sollte Omar zum richtigen Zeitpunkt erkennen.

Nach diesen Worten machte sich Scheich Omar auf den Weg, bis er zum großen, weiten Meer kam. Da die Schale immer noch nicht zur Ruhe gekommen war, bestieg er ein Schiff und segelte Richtung Mocha. Nicht ein Tropfen Wasser in der Schale war verschüttet worden, trotz der Unwetter auf See. In Mocha angekommen, wurde das Wasser in der Schale immer ruhiger. Er machte sich auf, um in die Stadt zu gehen. Plötzlich war das Wasser in der Schale bewegungslos. Es war ruhig, kein Kräuseln der Oberfläche, einfach nichts! Er erinnerte sich an die Worte des Geistes und blieb genau dort stehen. Nichtsahnend wartete er auf ein Zeichen Allahs, als neben ihm eine Wasser-Fontäne hervorschoss. Das Zeichen erkennend, ließ er sich dort nieder. Bald war um diese Wasser-Fontäne eine

blühende Oase entstanden und das Wasser, das aus dem Boden schoss, wurde zu einer ruhigen Quelle. Menschen aus Mocha strömten zu Scheich Omar und bestaunten das Wunder, das sich vor den Stadttoren abspielte. Sie duldeten den wundersamen Reisenden, auch wenn er nicht zu ihnen gehörte.

Eines Tages wurden etliche Menschen der Stadt Mocha sehr krank. Viele gaben dem zugewanderten Scheich Omar die Schuld an der Krankheit. Schnell machten sich die Menschen aus Mocha auf den Weg zu Omar. Er musste sich eine Menge an Vorwürfen gefallen lassen. Doch er blieb ruhig und reichte den aufgebrachten Leuten rote Kirschen, die er von einem Strauch pflückte. Er sagte zu ihnen, es sei das einzig Essbare, das er in seiner kleinen Oase habe, und sie mögen diese Kirschen den Kranken verabreichen.

Da die Menschen Angst um ihre Leute hatten, kochten sie die Kirschen und gaben den Kranken den Sud zu trinken. Keiner aus Mocha konnte es glauben: Die, welche lahm waren und noch vor Kurzem sehr krank, standen auf und fühlten sich besser denn je. Wieder einmal war ein Wunder geschehen, an dem Scheich Omar beteiligt war. Sein Getränk wurde verehrt und Allah tat das Wunder durch Scheich Omar, so wie es diesem verheißen worden war.

Legende des Volkes aus Äthiopien

Eine Legende aus Äthiopien, ehemaliges Abessinien, berichtet von einem großen Waldbrand. Dieser Wald, der eigentlich aus wild wachsenden Kaffeesträuchern bestand und überaus weitläufig war, brannte nahezu gänzlich ab. Bei diesem Brand roch es wohltuend, was sich aber niemand erklären konnte. Kilometerweit war der Duft des vollen Aromas zu riechen. Nach genauerem Betrachten erkannte das Volk den großen Schatz, den es in Händen hielt.

Legende vom Propheten Mohammed

Diese Legende, von orientalischen Märchenerzählern verbreitet, berichtet davon, dass Mohammed, der Prophet, sterbenskrank war. Da erschien ihm Erzengel Gabriel und gab ihm einen Trunk. Dieser, dunkel wie die Nacht, heiß dampfend und fein riechend, weckte nach dem Genuss wieder all seine Lebensgeister. Nach seiner äußerst raschen Gesundung führte Mohammed ein großes Reich zusammen.

In dieser Legende wurde das islamische Reich als Weltmacht geboren.

Die Kaffeepflanze

Die Pflanze

ist ein Hochland-Gewächs und gehört zur Familie der Rötegewächse (*Rubiaceae*). Sie kann ungefähr 4 Meter hoch werden und wird üblicherweise auf ca. 2 Meter gezüchtet. Wichtig für die Bäume oder Sträucher ist, dass sie sowohl Sonne als auch Schatten bekommen und natürlich viele Regenfälle für eine gute Ernte. Die Kaffeepflanze wächst im subtropischen Raum und hat somit über das Jahr verteilt mindestens 15–25 °C. Fällt die Temperatur auf rund 11 °C oder noch weniger hinunter, kann dies für die Kaffeebäume sehr kritisch sein. Kaffee ist ein immergrünes Gewächs und gehört zu den wenigen Pflanzen, die alle Stadien auf einem Ast gleichzeitig hat. Das heißt Blüten und Kaffeekirschen wachsen gleichzeitig und die Kirschen können verschiedene Reifestufen haben. Die Blätter, die sich lederartig angreifen, sind saftig dunkelgrün, länglich, spitz und der Rand wirft leichte Wellen.

Die Blüten

sind weiß und erinnern in Optik und Duft an Jasmin-Blüten. Die Krone teilt sich zumeist in fünf spitz zulaufende Blütenblätter.

Die Kaffee-Kirschen

sind im reifen Zustand rot und haben zwei Samenkerne, sprich Kaffeebohnen. Die Reife-Stadien der Kirsche sind von grün über gelb bis rot. Hat man übersehen, sie zu ernten, werden sie schwarz.

Die Kaffeekirsche hat außen die Kirschhaut, die nächste Schicht nach innen ist die Pulpe, weiter nach innen die Pergamenthaut, das Silberhäutchen und letztendlich die Bohne. War es eine schlechte Befruchtung oder ein zu trockenes Jahr, kann es passieren, dass die Bohne im Inneren verkümmert, so entsteht eine *Perlbohne*. Die Perlbohne ist klein und rundlicher. Das Gegenteil davon wäre die *Elefantenbohne*. Das heißt aus zwei Bohnen wurde eine große, da diese zusammengewachsen sind.

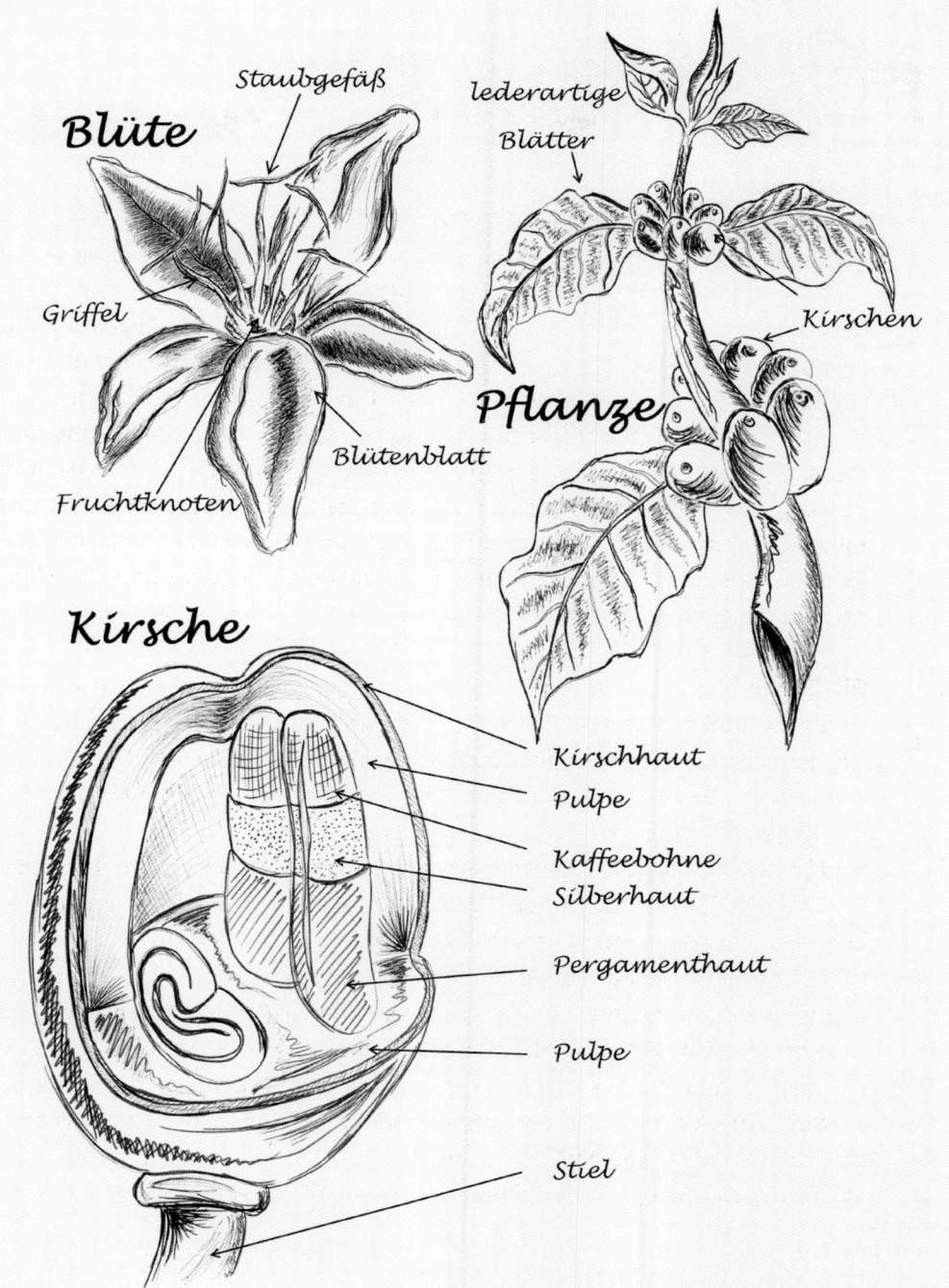

Blüte

Staubgefäß

Griffel

Blütenblatt

Fruchtknoten

lederartige Blätter

Pflanze

Kirschen

Kirsche

Kirschhaut

Pulpe

Kaffeebohne

Silberhaut

Pergamenthaut

Pulpe

Stiel

Grafik: Michael Pauzenberger

Definition von Kaffee und seine Inhaltsstoffe im Überblick

DEFINITION

Ursprünglich bezeichnete man Kaffee als „qahwa", was so viel bedeutet wie *anregendes Getränk* oder *Wein*. Möglicherweise wollte man sich namentlich auch an die Region Kaffa anlehnen. Das sind jedoch nur Spekulationen, da es historisch keine fundierten Belege dafür gibt, das Wort *qahwa* mit dem Namen der Region Kaffa in Verbindung zu bringen.

Interessant ist jedoch, dass Kaffee türkisch *kahve* heißt und sich so die Bezeichnungen Kaffee, café, caffé usw. in den verschiedenen Ländern etablierten. In unseren Breitengraden schrieb man bis ins 18. Jahrhundert *Kaffe* oder *Kaffeh*. Der heutige Wortlaut kam erst viel später.

Kaffeebohnen werden die von Fruchtfleisch, Pergamenthaut und Silberhaut befreiten, gerösteten Samen oder Kerne der Kaffeekirsche bezeichnet. Sie können gemahlen oder als ganze Bohnen verpackt werden. Das durch siedendes Wasser extrahierte Getränk wird Kaffee genannt. Davor werden die Kaffeebohnen gemahlen. Die Mahlgrade variieren bei den verschiedensten Zubereitungsarten. Über 900 Aromastoffe sind derzeit bekannt. Kaffee hat somit mehr Aromen als Wein.

Durchschnittlich konsumiert jeder Österreicher im Jahr ca. 8 kg, was vermutlich weiter steigen wird. Nimmt man einen Durchschnittswert von 10 g pro Tasse, trinkt jeder Österreicher ca. 800 Tassen Kaffee im Jahr.

INHALTSSTOFFE

Kaffee setzt sich grundsätzlich aus vielen verschiedenen Inhaltsstoffen zusammen. In den einzelnen Stadien von der Rohkaffeebohne über den gerösteten Kaffee bis in die Tasse ändern sich so manche Inhaltsstoffe.

Die wichtigsten Grundstoffe sind Kohlenhydrate, Fettstoffe, Eiweißstoffe, Mineralstoffe, Wasser, Säuren, Alkaloide und Aromastoffe.

Letztere sind in der Arabica- und der Robustabohne jedoch unterschiedlich. In Robusta ist deutlich weniger Aroma enthalten als in Arabica. Robusta enthält hingegen mehr Säure und auch etwas mehr Koffein, was aber nicht unbedingt positiv zu sehen ist.

Kaffee ist ein wichtiger Mineralstoffversorger im Alltag durch Eisen, Kalium, Magnesium, Mangan, Kupfer und Chrom. Der wichtigste alkaloide Stoff in Kaffee ist das Koffein. Arabica enthält zwischen 0,9 % und 1,8 % Koffein. Robusta weist Werte zwischen 1,2 und ca. 3,5 % auf. Eiweißstoffe und Säuren werden beim Röstvorgang vorwiegend abgebaut und ändern sich zu Bräunungsstoffen. Chlorogensäure bleibt jedoch zurück und ist in Arabica weniger enthalten als in Robusta. Zu viel Säure kann dem Körper schaden und auch das Aroma des Kaffees beeinträchtigen. Die Aromastoffe sind prinzipiell flüchtiger Natur. Sie kommen erst durch den Röstprozess zum Vorschein. Eine schonende Röstung, wie die Wiener Röstung, bei der den Bohnen auch genug Zeit gelassen wird, bringt so viel Aroma wie möglich hervor.

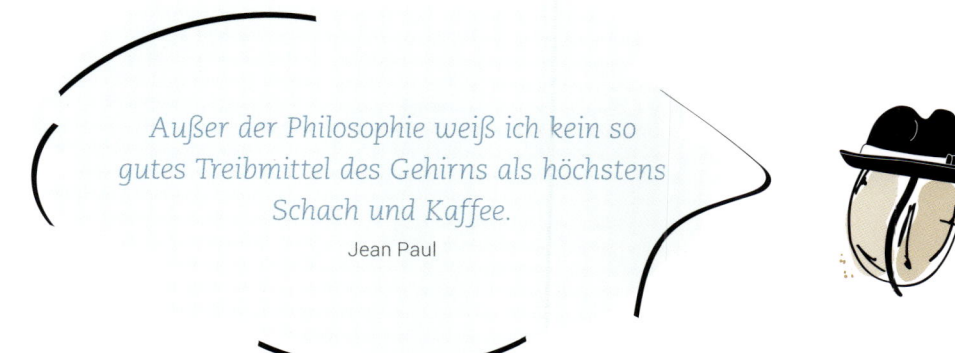

Außer der Philosophie weiß ich kein so gutes Treibmittel des Gehirns als höchstens Schach und Kaffee.

Jean Paul

Die Kaffeesorten

Es gibt zwei wichtige verschiedene Kaffeesorten. Arabica und Robusta. Sie unterscheiden sich in der Anbauhöhe, in der Sensitivität auf äußere Einflüsse und vor allem in Geschmack, inhaltlicher Zusammensetzung und Verträglichkeit. Ungefähr 70 Arten der Kaffeepflanze zählt man weltweit.

ARABICA (COFFEA ARABICA)

— Die Arabica-Bohnen sind oval, länglich geformt mit einem schwungvollen Schlitz. Sie haben einen Geruch nach Heu oder frischem Gras. An der Farbe kennt man auch die frischeste Ernte, da diese grün-bläulich ist.

— Arabica wächst ausschließlich im Hochland und ist somit die hochwertigste Qualität. Als Hochland wird ein Gebiet in höherer Lage über dem Meeresspiegel bezeichnet.

— Diese Bohnen werden nur ein Mal im Jahr geerntet, da sie 9–11 Monate brauchen, um zu wachsen und zu reifen.

— Arabica ist sehr gut verträglich, da er weniger Säuren (vor allem weniger Chlorogensäure) und auch weniger Koffein enthält.

OVAL, LÄNGLICH GEFORMT

SCHWUNGVOLLER SCHLITZ

... RICHT NACH FRISCHEM GRAS

ROBUSTA (COFFEA CANEPHORA)

— Man erkennt die Robusta-Bohne durch ihre runde Form. Der gerade Schlitz, der erdige bis muffige Geruch und die bräunliche Farbe sind weitere Merkmale, welche die Robusta-Bohne aufweist.

— Das Wort Robusta sagt bereits alles über diese Bohne aus, sie hält Wetterschwankungen leichter aus und ist als Pflanze robuster gegenüber den sie umgebenden Einflüssen.

— Diese Gattung wächst bereits ab ca. 200 Höhenmetern. Robusta kann zwei Mal im Jahr geerntet werden, da er schneller gedeiht.

— Robusta ist nicht empfehlenswert, da diese Bohne viel mehr Säure als die Arabica-Bohne aufweist.

RUND GEFORMT

GERADER SCHLITZ

... RICHT ERDIG

ENTKOFFEINIERTER KAFFEE

Dieser kann sowohl Arabica als auch Robusta sein. Meist wird die Bohne mit einem Lösungsmittel wie Dichlormethan bearbeitet, um das Koffein herauszulösen.

Ich persönlich verwende koffeinfreien Kaffee **NICHT**, da ich es als problematisch empfinde, mit welchen Mitteln das Koffein herausgelöst wird. Die Natürlichkeit steht für mich immer an oberster Stelle!

Deswegen empfehle ich ausschließlich Arabica-Kaffee, da dieser generell weniger Koffein und weniger Säure besitzt.

Dichlormethan

Dichlormethan ist ein Lösungsmittel, das verwendet wird, um Koffein aus dem Kaffee zu lösen. Es wird auch zum Abbeizen von Lacken, Lösen von Harzen, Kunststoffen und Fetten genutzt. Eine weitere Verwendung findet es als Kühlmittel. Der süßliche Geruch von Chloroform ist dem von Dichlormethan ähnlich. Letzteres ist schwer entzündlich.

Kommt man damit in Berührung oder atmet man es ein,
können folgende Erscheinungen auftreten:
› vergiftungsähnliche Zustände
› narkoseähnliche Zustände
› Schwindel
› Kopfschmerzen
› Übelkeit
› Appetitlosigkeit

Dichlormethan steht im Verdacht krebserregend zu sein! Es ist als Gefahrengut deklariert und man darf nur sorgfältig damit umgehen. Verbrennt man Dichlormethan, entsteht ein hochgiftiges, gasförmiges Phosgen. Dieses wurde im Ersten Weltkrieg als chemische Waffe verwendet. Dichlormethan sollte nur mit dementsprechender Schutzbekleidung verarbeitet und nicht neben einer metallischen Verbindung gelagert werden, da es sonst zu Explosionen kommt. [1]

Gerade die Arbeiter in den Anbauländern haben nicht die Möglichkeit, dementsprechend damit umgehen zu können, da Arbeitssicherheit dort nicht so groß geschrieben wird wie in der westlichen Welt. Die armen Kaffee-ErntehelferInnen arbeiten vermutlich nur mit Mundschutz und spielen für uns, die es sich leisten wollen, koffeinfreien Kaffee zu trinken, mit ihrer Gesundheit. Amerikanische Forscher haben bereits herausgefunden, dass koffeinfreier Kaffee schädlicher ist als jener mit Koffein. *Dazu mehr im Kapitel „Kaffee und Gesundheit" ab Seite 72.*

ENTKOFFEINIERTE ARABICA

ENTKOFFEINIERTE ROBUSTA

» ungerösteter koffeinfreier Kaffee!

VERGLEICH DER QUALITÄTEN

Rechts eine grafische Gegenüberstellung der Kaffeesorten. Was auf diesem Bild sehr gut erkennbar ist, sind die bereits in der Rohqualität großen Unterschiede zwischen Arabica und Robusta.

Der **koffeinfreie Robusta** wurde chemisch behandelt, um Reizstoffe und Koffein herauszulösen. Optisch besitzt er ein eher karges Braun bis schimmliges Grau. Der Geruch ist roh sehr beißend bis stechend, als ob man an einem Kleber schnüffeln würde. Geröstet sieht man sogar noch, dass es ein behandelter Kaffee ist. Bei der Wiener Röstung ist das noch klar an der Struktur der Oberfläche erkennbar.

Der **Robusta** hingegen ist optisch schon eine Spur besser gestellt. Er ist ein *India Robusta Grade 1* (Kaffee aus Indien, Sorte Robusta, Grade 1 meint die Beschaffenheit der Bohne), also einer der „besseren" Robusta. Unregelmäßigkeiten in Farbe und Form sind auch hier sehr gut dargestellt. Trotz besserer Qualität macht die Rohware optisch nicht viel her. Geröstet ist die Bohne zweifarbig und man müsste im Anschluss aussortieren. Dieser Robusta besitzt eine gute Qualität. *Auf die genauen Bezeichnungen gehe ich auf Seite 40 genauer ein.*

Nun zum **Arabica**. Er hat ein wunderbar gleichmäßiges Bild. Schöne bläuliche Farbnuancen weisen auf frische Qualität hin. Gleichmäßige Form und Größe erfreuen. Durch und durch ein hervorragender Arabica-Rohkaffee. Es handelt sich hier um *Mexiko Organic*. Geröstet ist er fast so wie in der Rohware: gleichmäßige Färbung der Bohnen und schön ausgebacken.

Auch beim Arabica gibt es günstigeren Rohkaffee. Dieser entspricht im Preis ungefähr dem teuersten Robusta-Rohkaffee. Auch ein günstiger Arabica ist in der Qualität immer noch besser als ein Robusta. Für guten Arabica darf man eben etwas Geld ausgeben, Kaffee ist nicht ohne Grund eines der teuersten Güter der Welt.

KOFFEINFREIER ROBUSTA

Rohware
↓

geröstet
↓

ROBUSTA

ARABICA

» *Pflückerin aus Uganda*

Ernte, Aufbereitung und Vermehrung

ERNTE

Kaffeebäume tragen erst nach 6–8 Jahren voll. Das heißt, nach dieser Zeit bringen die Bäume vollen Ertrag. Dieser fällt nach ca. 20 Jahren wieder ein wenig ab. Arabica kann ein Mal pro Jahr geerntet werden, Robusta hingegen zwei Mal. Eine Ernte dauert meist 6–8 Wochen. Dies ist aber in jedem Land unterschiedlich und nur eine ungefähre Angabe, um sich ein Bild darüber machen zu können.

Erntemethoden

Weltweit werden drei verschiedene Methoden der Ernte praktiziert:
picking, stripping und die maschinelle Ernte.

Beim **Picking** werden ausschließlich die reifen Kirschen per Hand gepflückt. In den meisten Anbauländern läuft das so ab.

Die **Stripping-Methode** funktioniert folgendermaßen: Es wird der ganze Ast genommen und alle Kirschen auf einmal abgestreift oder gepflückt. Hier sind nicht nur die reifen Kirschen geerntet worden, sondern die in allen Reifegraden und Farbspektren.

Bei der **maschinellen Ernte** mit dem Harvester (Erntemaschine) werden die Bäume oder Sträucher ein Mal gekämmt und alles fällt in einen Sammelbehälter am Harvester. Diese Methode kann die Pflanze verletzen und sie muss sich in diesem Fall erst wieder regenerieren. Es muss ebenfalls genau aussortiert werden, da bei dieser Erntemethode alles mitgenommen wird, was am Baum ist.

PflückerInnen bei der Arbeit **31**

AUFBEREITUNGSARTEN

Es gibt drei verschiedene Arten der Aufbereitung von Kaffee:
die nasse, die trockene und die halbtrockene. Sie geschieht nach der Ernte der
Kaffeekirschen.

Es sind auch hierbei Unterschiede in den jeweiligen Ursprungsländern fest-
zustellen. Die meisten Arabica-Anbaugebiete bereiten nass auf, um eine höhere Qualität zu erzielen. Jedoch gibt es zwei Ausnahmen: Brasilien und Äthiopi-
en wählen die trockene Aufbereitungsart, da dort Wasserknappheit herrscht.

Robusta wird in den meisten Anbaugebieten trocken aufbereitet. Papua Neuguinea und Kamerun sind Ausnahmen, die auch Robusta nass aufbereiten.
Das findet man nicht oft.

Nasse Aufbereitung (washed)

Die Kaffeekirschen gelangen durch angelegte Schwemmkanäle zu jedem
Verarbeitungsprozess. Als Erstes sind Quelltanks an der Reihe. Dort sinken
die guten Kirschen ab und die schlechten, _Floaters_ genannt, treiben auf der
Oberfläche. Sie werden abgeschöpft und separat weiterverarbeitet. Die guten
Kirschen kommen zum Entpulpen. Das geschieht spätestens 12–24 Stunden
nach der Ernte. Der Pulper ist ein Gerät, welches das Fruchtfleisch, also die
Pulpe, aufbricht. Jedoch bleiben noch Reste des Fruchtfleischs auf den Bohnen
haften.

Nun kommen diese Bohnen mit ihrer Pergamenthaut und Resten der Pulpe
für maximal drei Tage in Gärtanks. Bei diesem Vorgang der Fermentation lösen sich alle Reste des Fruchtfleisches ab. Auf der Bohne bleiben lediglich die
Pergamenthaut und das Silberhäutchen zurück. Der Prozess der Fermentation
muss permanent überwacht werden, da sonst Bohnen zurückbleiben können,
die überfermentieren. Diese Bohnen nennt man „Stinkerbohnen".

Im Anschluss wird noch einmal gewaschen und der Kaffee getrocknet, entweder in der Sonne oder maschinell. Im ersteren Fall breitet man den Kaffee
im Freien aus und wälzt ihn immer wieder um. Der Trocknungsprozess kann
drei Wochen andauern, bis es dann zur Häutung kommt. Die Bohne ist bis
dahin immer noch in der schützenden Pergamenthaut. Bei der Häutung werden Pergament- und Silberhaut durch Polieren abgetrennt, sodass nur noch

der Kern übrig bleibt, also die fertige Rohkaffeebohne. Sollten noch Reste von Häuten vorhanden sein, werden sie noch einmal poliert.

Es folgt das Sieben der Größen und das Aussortieren der Fehler. **Bis zu 150 Liter Wasser werden benötigt, um 1 kg Rohkaffee zu erhalten.** Das ist vor allem für Länder mit Wasserknappheit unfassbar viel. Dennoch ist es die beste Möglichkeit, aus der Kaffeebohne die hervorragendste Qualität herauszuholen.

Trockene Aufbereitung (natural)

Die Kaffeekirschen werden zuerst von Blättern, Steinen und Ästen befreit und im Anschluss zum Trocknen in der tropischen Sonne am Boden aufgelegt oder in Dörr-Apparaten verarbeitet. In der Sonne werden sie tagsüber schön gleichmäßig durch die warme Luft und mehrmaliges Wenden getrocknet. Schlägt das Wetter um und es beginnt zu regnen, werden die Bohnen zusammengescharrt und mit Planen geschützt. Das Gleiche wird auch nachts praktiziert. Der Trocknungsprozess kann bis zu 15 Tage dauern. Nimmt man dann eine solche Kirsche in die Hand und schüttelt sie, kann man oft ein Rasseln hören.

Der nächste Schritt ist das Schälen der Kirschen. Sie kommen in die Schälmaschine und werden von der Pulpe, die schon ausgetrocknet ist, der Pergamenthaut und vom Silberhäutchen befreit.

Danach wird nach Größe und Fehler sortiert.

Halbtrockene Aufbereitung (semi-washed)

Oft wird diese Aufbereitungsart in Ländern verwendet, die nicht genug Wasser haben, aber dennoch ein besseres Ergebnis bei ihrem Kaffee erzielen möchten. Dabei kommt eine sehr vereinfachte Form der nassen Aufbereitung zum Einsatz. Die Kirschen gehen durch einen kurzen Waschprozess, kommen weiter in den Pulper und werden dann an der Sonne getrocknet. Bei dieser Aufbereitung kommen die Bohnen in keine Gärtanks, sie werden somit nicht fermentiert. Hier sind Pergamenthaut und Reste der Pulpe noch auf der Kirsche vorhanden.

Nach der Trocknung werden die Bohnen wie bei der trockenen Aufbereitung geschält, sortiert und abgepackt.

1 Kirschen zum Aussortieren auf einer kleinen Farm **2** Pulper (Entfernen der Haut und des Fruchtfleisches) **3** Kaffee mit Pergament- und Silberhaut beim Trocknen **4** Die vom Fruchtfleisch getrennten Bohnen mit Pergament- und Silberhaut **5** Fleißige Sortiererinnen aus Uganda **6** Fertig sortierter und verpackter Rohkaffee **7** So wird oftmals der Kaffee in Europa angeliefert.

VERMEHREN VON KAFFEEPFLANZEN

Das spannende Thema, wie Kaffee gepflanzt wird, ist nun auch bei uns angekommen. So mancher Hobbygärtner oder Kaffeeliebhaber hat schon versucht,
Kaffee zuhause anzubauen. Das ist aber gar nicht so einfach.

In den Anbaugebieten werden die reifen Kirschen entweder als Ganzes in den
Boden gesteckt oder nur die Bohne ohne Pergamenthaut. Am besten keimen
die Bohnen bis acht Wochen nach der Ernte. Danach fallen viele aus, die gar
nicht mehr austreiben. Oft kann die Kaffeepflanze auch durch „Pelzen" ver-
mehrt werden. Gemeint ist das Veredeln oder Aufbessern einer Pflanze. Es
wird in einen lebenden Stamm ein junger Trieb gesteckt und mit Baumwachs
luftdicht abgeschlossen, sodass die zugefügte Wunde wieder „heilen" kann.
Der Effekt ist, dass sich der junge Trieb mit dem älteren Stamm verbindet und
wieder junge kräftige Bäume aus einer älteren Basis entstehen können.

*Hat man selbst eine Kaffeepflanze zuhause, ist es wichtig,
einen Platz zu finden, an dem es warm ist und fast immer
die gleiche Temperatur herrscht. Die Pflanze sollte nicht zu
viel direkter Sonne ausgesetzt sein, aber auch nicht zu viel
im Schatten stehen. Ab und an kräftig gießen und immer
wieder in größere Blumentöpfe umsetzen.*

» Hier habe ich ein paar Bilder von einer Kaffee-Baumschule in Mittelamerika. Man sieht sehr schön, wie die Vermehrung funktioniert.

Kaffeefehler

Was versteht man unter Kaffeefehlern? Das ist eine wichtige Frage. Zur Klassifizierung der Rohkaffeequalität werden bereits die Fehler zur Bewertung herangezogen. Wird nach der Röstung nicht sortiert, kann es sein, dass auch im gerösteten Kaffee „Fehler" enthalten sind.

Kaffeefehler können sein:
› Ohren (Shells): das sind deformierte oder beim
  Schälvorgang beschädigte Bohnen
› Bohnen mit Pergamenthaut
  (diese kommen zumeist nochmals zum Polieren)
› Steine
› Bohnen mit Kaffeebohrerspuren
› Bruchbohnen
› Holzstückchen
› Schalenstücke
› Schwarze Bohnen bereits im Rohkaffee
  (sogenannte Stinkerbohnen)

Der Kaffeebohrer ist ein Käfer, der kleine Löcher in die Kaffeekirsche bohrt und dort seine Eier ablegt. Die Larven fressen das Fruchtfleisch und zumeist auch die Kaffeebohne. Die Bohnen sind dennoch zum Verzehr geeignet und geschmacklich auch noch gut. Es zählt als optischer Fehler.

Schwarze Bohnen oder Stinkerbohnen sind *überfermentierte* Kaffeebohnen. Diese wurden zu lange im Prozess der Fermentation gelassen oder übersehen. Bereits eine Bohne kann eine ganze Röstcharge durch ihren strengen Geruch und Geschmack ungenießbar machen.

OHREN
(Shells)

BOHNEN MIT
PERGAMENTHAUT

STEINE

BOHNEN MIT
KAFFEEBOHRERSPUREN

BRUCHBOHNEN

BEZEICHNUNGEN VON KAFFEE, KLASSIFIZIERUNGEN UND FACHAUSDRÜCKE

Oftmals liest man gerade bei kleinen Röstereien beispielsweise „Nicaragua SHG EP" oder „Kenia AA". Was bedeutet nun das SHG oder das AA?

SHG bedeutet *strictly high grown* und das AA weist auf die Qualität des Kaffees hin.

KLASSIFIZIERUNGEN UND FACHAUSDRÜCKE	ERKLÄRUNG
Screen	Es werden Skalierungen benötigt, um Kaffee auch in der Qualität klassifizieren zu können. Das Wichtigste, vor allem für die spätere Röstung, ist die Siebung, also die Größe der Bohnen. Umso gleichmäßiger die Größe der Bohnen ist, umso schöner ist das spätere Röstergebnis. Brasilien skaliert in Siebgrößen, die in 1/64 Zoll angegeben werden. Dort wird bei 13 begonnen und bei 20 geendet. Wenn man Rohkaffee kauft, steht dann beispielsweise Folgendes: Santos NY 2/3, Scr. 17/18. Screen 17/18 bezieht sich auf die Größe gleich 7,5 mm.
AA-Grade	Arabica wird in vielen Ländern mit Buchstaben deklariert. Diese beginnen mit AA, A, B … Im afrikanischen Raum findet man jedoch auch die Bezeichnung Grade 1–5 bei Arabica. Robusta wird vorwiegend in Zahlen, also Graden deklariert. Ausnahmen sind beispielsweise Indien, wo auch mit Buchstaben deklariert wird.
NY	NY ist eine Bezeichnung für Fehler im Kaffee. Auf 300 g dürfen bei der Bezeichnung NY lediglich vier Fehler im Rohkaffee sein. Es geht dann weiter mit NY 2, also acht Fehlern, NY 3 zwölf Fehlern, bis NY 8.
Finca und Fazenda	Beide Begriffe sind Bezeichnungen für Kaffee-Plantagen. Die Bezeichnung Fazenda ist nur in Brasilien gängig.
old crop	bezeichnet eine frühere, also einige Saisonen zurückliegende Ernte
new crop	Diese Deklarierung wird für die frischeste Ernte verwendet.
baggy	So wird Kaffee bezeichnet, wenn er den Geschmack seines Jutesackes annimmt. Das passiert, wenn zu viel Öl für die Erzeugung des Sackes verwendet wurde und er somit Geschmack abgibt.
defects	Deklarierung der Fehler im Kaffee. Dies können Bruchbohnen oder andere Fremdstoffe sein.

KLASSIFIZIERUNGEN UND FACHAUSDRÜCKE	ERKLÄRUNG
ceiling	So wird der Höchstpreis bei Kaffee genannt.
EP	So wird Kaffee bezeichnet, wenn er für Europa vorbereitet wird. Jener darf lediglich acht Fehler auf 300 g Kaffee aufweisen. Zumeist wird die Abkürzung EP, was *European preparation* bedeutet, im mittelamerikanischen Raum verwendet.
Espuma	So wird der bei der Kaffeeaufbereitung anfallende Abfall bezeichnet.
fine cup	Bezeichnung für sehr guten Kaffee.
good cup quality	Kaffee mit gutem allgemeinem Geschmack.
evenish	Gleichmäßigkeit der Bohnen.
bold	große Rohkaffee-Bohnen
insect damaged	Durch Insekten befallene Qualität (Kaffeebohrer).
fermented	So bezeichnet man überfermentierten Kaffee, also sogenannte *stinkers*, zu Deutsch *Stinkerbohnen*.
irregular	Ungleichmäßige Bohnen.
Faq	Mehrmalige durchschnittliche Qualität.
Fas	Bedeutet *free alongside ship*, das heißt, der Verkäufer verlangt, dass die Ware auf dem Kai neben dem Schiff geliefert wird. Ab diesem Zeitpunkt muss der Käufer sich um alles kümmern. Er trägt somit die Kosten etwaiger Beschädigungen und das Risiko des Verlusts der Ware.
Fob	Bedeutet *free on board*, das heißt, der Verkäufer trägt alle Kosten, bis der Kaffee an Bord des Schiffes ist und den Zielhafen erreicht. Ab diesen Zeitpunkt ist der Käufer für alles zuständig.
faded	Bohnen, die ihre Farbe verloren haben oder verblasst sind.
very poor	Verkümmerte bis sehr ungleichmäßige Bohnenqualität.
AP	Ist ähnlich dem Prinzip von EP. Es bedeutet *American Preparation* und darf 23 Fehler auf 300 g Kaffee aufweisen.
Pulp Natural	So wird die halbtrockene Aufbereitung der Bohnen bezeichnet, wenn sie im Anschluss an der Sonne getrocknet werden.
Fully washed process	Deklaration der nassen Aufbereitung mit Fermentation. Es steht auch oftmals nur *washed* oder *washed process* geschrieben. Die beiden Begriffe bedeuten ebenso nasse Aufbereitung.
DP / Dry Prozess	Die Kaffeekirschen werden trocken aufbereitet.
HG	Das bedeutet *high grown* und weist darauf hin, dass die Anbauhöhe bei mindestens 1200 m beginnt.

KLASSIFIZIERUNGEN UND FACHAUSDRÜCKE	ERKLÄRUNG
SHG	*Strictly high grown* ist die Bezeichnung für eine Mindestanbauhöhe von 1600 m und weist auf härtere Bohnen hin.
HB	Als *hard bean* bezeichnet man harte Bohnen, die ab einer Höhe von 1200 m wachsen.
SHB	*Strictly hard bean* ist die Steigerung von *hard bean*. Das sind sehr harte Bohnen, die ab 1600 m gedeihen.
PB	Peaberry oder Perlbohnen. Kleine runde Bohnen, die aussehen wie Perlen.
Spot	Sofort lieferbar, Ware auf Lager.
cupping	Verkosten und Beurteilen von Kaffee.
CIF	Es bedeutet, Kosten, Versicherung und Fracht sind vom Verkäufer zu tragen.
C&F	Kosten und Fracht werden vom Verkäufer bezahlt. Versichert ist die Ware hier noch nicht.
ECC	Kaffeevertrag für Europa.
ECDC	Kaffeevertrag für Europa, für gelieferten Kaffee.
EGKS	Kaffeevertrag für Europa für *Spot* Kaffee.
Earthy	Der Kaffee bekommt einen erdigen Geschmack, obwohl er ihn nicht haben sollte, durch falsche Aufbereitung. Mikroorganismen am Boden dringen in die Bohnen ein und verändern den Geschmack.
Fruity	Säuerlich, fruchtig schmeckender Kaffee. Verursacht durch mögliche Verzögerungen bei der Fermentation oder dem Waschen des Kaffees. Weitere Ursachen könnten auch schlechte Versorgung mit Strom oder Sonstigem sein. Über einen zu langen Prozess der Aufbereitungsstadien kann es passieren, dass sich Mikroorganismen und Enzyme bilden. Diese verändern den Geschmack maßgeblich. Es wird dann Zucker in Säure umgewandelt. So entsteht ein fruchtiger, säuerlicher Geschmack.
Estate	Der Kaffee wächst und wird auch auf dieser einen Farm verarbeitet.
SG/shade grown	Ein Beispiel dafür ist Brasilien. Kaffeesträucher wachsen dort zum Beispiel zwischen Bananenbäumen. Die Kaffeesträucher gedeihen im Schatten anderer Pflanzen. Das bezeichnet man als *shade grown*.

KLASSIFIZIERUNGEN UND FACHAUSDRÜCKE	ERKLÄRUNG
FT	*Fair trade* = fair gehandelter Kaffee. Am Kaffeesack und auf der Packung muss eine Nummer der FLO sein, um nachvollziehen zu können, ob dieser auch wirklich fair gezahlt wurde. FLO ist die Bezeichnung für *Fairtrade Labelling Organizations International*, die den Zweck hat, Standards für fairen Handel zu etablieren.
FTO	*Fairtrade* und *Organic* bedeuten, fair bezahlt und biologisch angebaut.
O/Organic	Biologischer Anbau. Auch beim Bioanbau werden die Plantagen, Händler und Röstereien genau kontrolliert, ob alle Bestimmungen eingehalten werden und nicht mit konventionellem Kaffee gemischt wird etc. Hier wird der Kaffee auch mit Bio-Kontrollnummern versehen.
RFA	Durch die Rainforest Alliance geprüfter Regenwald-Kaffee.
WF	Es bedeutet *Wild Forest*, das heißt wild wachsender Kaffee aus dem Regenwald.
C/Co Op.	Kaffeeverkauf durch Kleinbauern, die sich zusammengeschlossen haben, um auch am Weltmarkt mithalten zu können.
Bulk	Ist die Bezeichnung für loses Schüttgut in Containern.

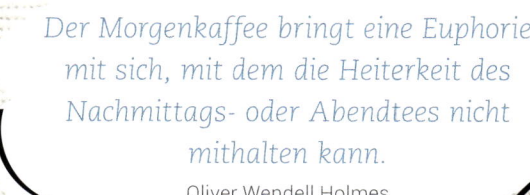

*Der Morgenkaffee bringt eine Euphorie
mit sich, mit dem die Heiterkeit des
Nachmittags- oder Abendtees nicht
mithalten kann.*

Oliver Wendell Holmes

Woher kommt der Kaffee?

Um die Region, woher die Kaffeepflanze stammt, ranken sich ebenfalls verschiedenste Mythen. Ursprünglich sollte diese in Kaffa, einem kleinen Königreich in Äthiopien, erstmals gefunden worden sein.

Heute wissen wir, dass sie vom 20. Breitengrad nördlicher Breite bis zum 28. Breitengrad südlicher Breite im subtropischen Klima wächst.

Sie ist ein Schattengewächs, welches bis auf ca. 2 Meter Strauchhöhe gezüchtet wird. Brasiliens Kaffeevorkommen macht in etwa 30 % vom Welthandel aus. Die wichtigsten Anbauländer sind in Zentral- und Südamerika, sowie Zentralafrika, Indien, Sri Lanka und alle weiteren Gebiete, die auf dieser

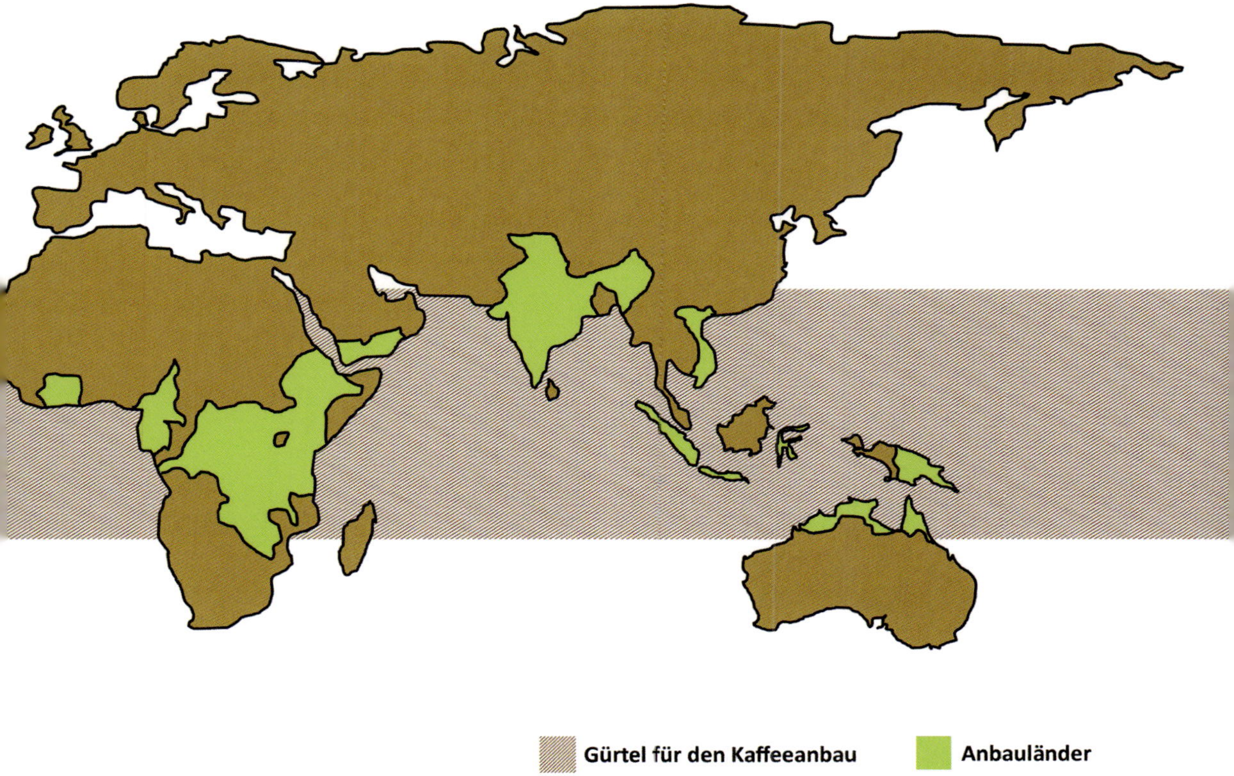

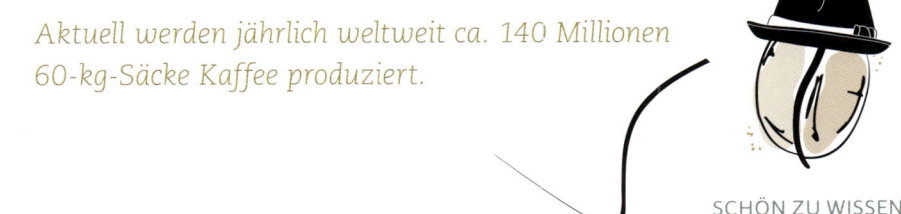

Gürtel für den Kaffeeanbau   **Anbauländer**

Zeichnung grün markiert sind. Einer der wichtigsten Umschlagplätze für den europäischen Handel ist Hamburg. Von dort aus wird nach ganz Europa verschifft und versandt. Der größte Hafen ist Antwerpen. Arabica wird an der Börse in New York gehandelt und die Robusta-Bohne an der Börse in London. Kaffee ist eines der wichtigsten Welthandelsprodukte.

Aktuell werden jährlich weltweit ca. 140 Millionen 60-kg-Säcke Kaffee produziert.

KAFFEEANBAUGEBIETE IM ÜBERBLICK

Im folgenden Kapitel werden die wichtigsten Kaffeeanbaugebiete vorgestellt. Es wird nicht nur aufgelistet, wann die Kaffeepflanze im jeweiligen Land blüht und wann die Kaffeekirschen geerntet werden, sondern auch spannende Infos bezüglich der Häfen und andere Details.

Die einzelnen kaffeespezifischen Begriffe werden auf Seite 40 erläutert.

MITTELAMERIKA

COSTA RICA
Hauptstadt: San José
Blüte: Februar–Mai
Ernte: November–Februar
Anbaugebiete: San Rafael und Turrialba
Hafen: Puntarenas (Pazifik) und Puerto Limón (Atlantik)

Obwohl bereits im 18. Jahrhundert die Kaffeepflanze nach Costa Rica kam, ging die Kaffeekultur nur langsam voran. Es war eines der ersten Länder, die eine Rohkaffeeindustrie schufen. Die Pflanze selbst kam über den Seeweg aus der Karibik nach Costa Rica.

PANAMA
Hauptstadt: Panama City
Blüte: Februar–März
Ernte: August–Dezember
Anbaugebiet: Duran
Hafen: Bocas del Toro

Die Kaffeeerträge in Panama sind nur sehr geringer Anzahl und haben nicht wirklich großen Einfluss auf das Welthandelsgeschehen.

HONDURAS
Hauptstadt: Tegucigalpa
Blüte: Jänner–August
Ernte: November–April
Anbaugebiet: Santa Barbara
Hafen: Puerto Cortes und Truxillo

Im Vergleich zu den Nachbarländern hat Honduras etwas weniger Ertrag beim Kaffee. Vorwiegend wird dort nass aufbereitet, außer in den niedrigeren Lagen, deren Kaffee dann als Naturals bezeichnet wird.

EL SALVADOR
Hauptstadt: San Salvador
Blüte: Jänner–August
Ernte: November–März
Anbaugebiet: Santa Ana
Hafen: La Libertad

Dieses Anbaugebiet hat keine Möglichkeit mehr, noch weitere Plantagen zu etablieren. Die Flächen sind voll und ganz ausgereizt. Es ist eines der Anbaugebiete, das intensivste Kaffeekultur betreibt. Der Staat überwacht die Erzeugung mit Argus-Augen und es werden regelmäßig strenge Kontrollen durchgeführt.

HAITI
Hauptstadt: Port-au-Prince
Blüte: Februar–Mai
Ernte: Oktober–Jänner
Anbaugebiet: Haiti
Hafen: Port-au-Prince

Auch hier kontrolliert die Regierung den Anbau strengstens und verteilt auch Qualitätszertifikate. Im Vergleich produzieren die Westindischen Inseln weniger Kaffee als Haiti. Die Aufbereitung ist zumeist trocken und die Bezeichnung der Bohnen reicht von X für die kleinste Bohnengröße bis hin zu XXXXX, was der größten Bohne entspricht.

MEXIKO

Hauptstadt: Mexiko City
Blüte: ganzjährig
Ernte: Dezember–Februar
Anbaugebiete: Chiapas und Oaxaca
Hafen: Puerto Escondido, Salina Cruz, Veracruz, Porto Ángel

Mexiko gehört zu den größten und nennenswertesten Kaffeeanbaugebieten der Welt. Die Aufbereitungsart des Kaffees ist nass. Die gute Kaffeekultur, die Mexiko hat, kann sogar noch ausgedehnt werden. Es ist ein gewaltiges Potential an Ausdehnungsmöglichkeiten für Plantagen vorhanden. Mexikanische Bohnen sind meist fester und weisen eine bläuliche bis sattgrüne Färbung auf. Mexiko bringt vor allem zwei spezielle Sorten hervor, das sind Perl und Maragogype. Maragogype-Bohnen werden gerne als Dekoration verwendet, wegen ihrer enormen Größe.

NICARAGUA

Hauptstadt: Managua
Blüte: Februar–April
Ernte: November–Jänner
Anbaugebiet: Matagalpa
Hafen: San Juan del Sur, Corinto

Die Rohbohnen aus Nicaragua sind wunderschön und vor allem sehr gleichförmig, was im nächsten Schritt den Röstvorgang sehr erleichtert. Sie haben in der Tasse meist einen eher flachen Körper, sind jedoch rund im Gesamten. Nicaragua-Bohnen bestechen vor allem auch wegen ihrer Größe. Es ist ein Kaffee, der zum Erlernen des Röstens hervorragend geeignet ist. In Nicaragua findet man auch oft Maragogype-Bohnen. Das heißt, außergewöhnlich große Kaffeebohnen.

JAMAIKA

Hauptstadt: Kingston
Blüte: Februar–Mai
Ernte: November–Jänner
Anbaugebiet: Blue Mountains
Hafen: Kingston

Jamaika spielt am Welthandelsmarkt mittlerweile, so wie in der Geschichte früher, keine Rolle, da sie nur sehr geringe Mengen im Jahr produzieren können. Dafür ist Jamaika Blue Mountain einer der teuersten Kaffees der Welt. Bereits 1728 wurde mit dem Kaffeeanbau auf Jamaika begonnen und bis 1834 war es für damalige Verhältnisse eines der bedeutendsten Erzeugerländer der Welt. Bis heute wird Jamaika Blue Mountain im Holzfass verschifft.

PUERTO RICO

Hauptstadt: San Juan
Blüte: Februar–Mai
Ernte: September–Jänner
Anbaugebiet: Puerto Rico
Hafen: Guánica

Puerto Rico hat eine längere Tradition des Kaffeeanbaus in der Neuen Welt. Kaffee wurde bereits Mitte des 18. Jahrhunderts angebaut und ist bis heute eine der wichtigsten Haupteinnahmequellen der Insel.

GUATEMALA

Hauptstadt: Guatemala-City
Blüte: Jänner–Juni
Ernte: Oktober–März
Anbaugebiete: Atitlán und San Marcos La Laguna
Hafen: Champerico, San José

Guatemala ist mit einem äußerst nährstoffreichen Boden gesegnet. Dafür sorgen die zahlreichen aktiven Vulkane, die den Boden immer wieder versorgen. Durch die bewegte Geschichte des Landes kann man nicht von einer durchgehenden Kaffeekultur sprechen. Angebaut wird vorwiegend Arabica, jedoch auch zu einem geringen Teil Robusta, in den niedrigen Lagen des Landes.

KUBA

Hauptstadt: Havanna
Blüte: ganzjährig
Ernte: März–April
Anbaugebiet: Bayamo
Hafen: Santiago de Cuba

Kuba ist nicht unbedingt für seinen Kaffee bekannt. Jeder suggeriert sofort Rum und Zigarren. Dennoch werden dort Arabica und Robusta angebaut. Der Anteil an Arabica überwiegt mit ca. 75 %. Kaffee fand seinen Weg nach Kuba über die Dominikanische Republik und ist bis heute ein sehr wichtiges Exportmittel des Landes.

HAWAII

Hauptstadt: Honolulu
Blüte: Jänner–März
Ernte: August–Dezember
Anbaugebiet: Kona
Hafen: Honolulu, Pearl Harbor (beide Hafen sind auf der Insel O'ahu)

Hawaiis Inseln sind alle vulkanischen Ursprungs, es gibt jedoch lediglich ein Kaffeeanbaugebiet. Dort gedeiht Spitzen-Arabica bereits ab 250 bis 850 Höhenmetern. Es ist eine große Ausnahme, solch hervorragende Qualität in so niedrigen Höhenlagen zu erhalten. Hawaii Kona ist eine absolute Delikatesse und nicht umsonst einer der weltbesten Kaffees.

SÜDAMERIKA

BRASILIEN

Hauptstadt: Brasília
Blüte: November–Jänner
Ernte: Juni–September
Anbaugebiete: Minas und São Paulo
Hafen: Vitória, Rio de Janeiro, Salvador

Brasilien produziert für den Weltmarkt ein Drittel der Gesamtproduktion von Kaffee. Vorwiegend werden die Rohkaffeebohnen als Brazil verkauft. In Brasilien wird neben Arabica auch Coffea canephora, also Robusta, angebaut. Die im Norden wachsenden Sorten erhalten ihr kräftiges Aroma durch die Meeresluft. Eine weitere Sorte wäre die Bourbon-Bohne, welche sehr mild und würzig ist und vor allem sehr wenig Säure enthält. Es werden ebenso die Sorten Minas und Santos angebaut. Santos ist eine Kaffeesorte, die vor allem auch sehr wenig Säure enthalten soll.

KOLUMBIEN

Hauptstadt: Bogotá
Blüte: ganzjährig
Ernte: November–Jänner
Anbaugebiet: Antioquia
Hafen: Santa Marta, Cartagena, Ventura

Kolumbien liefert im Vergleich zu Brasilien etwas höherwertigere Qualität. Die Sorten Medellin, Armenia und Manizales gedeihen unter hervorragenden Bedingungen. Chinchiná, eine dortige Produktionsstätte, wurde von der UNESCO auf die Liste der Weltkulturerbestätten gereiht. 1808 brachte ein Geistlicher die Kaffeepflanze nach Kolumbien. Unter den hervorragenden Bedingungen entstand die sehr erfolgreiche Kaffeekultur.

ECUADOR UND GALAPAGOSINSELN

Hauptstadt: Quito
Blüte: Oktober–November
Ernte: Mai–Juni
Anbaugebiet: Los Ríos
Hafen: Manta, Guayaqul

Die erste Arabicapflanze wurde hier im Jahr 1952 gepflanzt. Heute ist Ecuador einer der To-10-Produzenten der Welt und besitzt mit dem Kaffee der Galapagosinseln einen hervorragenden Raritäten-Kaffee. Ecuador betreibt an den Anden einige Plantagen, die zu den höchstgelegenen der Welt zählen. Der Robusta-Anteil nimmt jedoch dementsprechend zu.

PERU

Hauptstadt: Lima
Blüte: Oktober–November
Ernte: August–Dezember
Anbaugebiet: nördliche Regionen Perus
Hafen: Callao, Matarani, Iquitos

In Peru wird nahezu der gesamte Anbau von Kaffee von Kleinbauern betrieben. Die Produktion wird durch die eher schlechte wirtschaftlichen Lage und das unstabile politische System erschwert. Dennoch ist Kaffee das wichtigste Exportmittel Perus.

BOLIVIEN

Hauptstadt: Sucre
Blüte: Februar–März
Ernte: August–Dezember
Anbaugebiet: Yungas
Hafen: kein Hafen vorhanden

Da Bolivien keinen Hafen besitzt, muss der Kaffee erst nach Peru gebracht werden, um dort verschifft zu werden. Dadurch wollte der Handel lange keinen Bolivien-Kaffee kaufen, da der Transport zu mühselig war. Schön langsam finden so manche Röster jedoch Gefallen am Kaffee Boliviens.

VENEZUELA

Hauptstadt: Caracas
Blüte: Jänner–Mai
Ernte: September–März
Anbaugebiet: nördliche Regionen Venezuelas
Hafen: Maracaibo, Puerto Cabello, La Guaira

Der Kaffeeanbau in Venezuela ist eher zweitrangig, da das wichtigste Exportmittel des Landes Erdöl ist. Hauptabnehmer von Venezuela-Kaffee sind die USA, Deutschland und Belgien. Die Bohnen sind unverwechselbar im Geschmack. Die leichten und feinen Noten und vor allem die wenige Säure machen ihn für Kenner zu einem einzigartigen Kaffee.

AFRIKA

ÄTHIOPIEN

Hauptstadt: Addis Abeba
Blüte: ganzjährig
Ernte: November–März
Anbaugebiete: Limu, Harrar, TTeppi, Sidamo, Yirgacheffe, Bebeka, Djimmah, Lekempti
Hafen: Djibouti

Äthiopische Kaffees sind absolute Spezialitäten-Kaffees und eignen sich hervorragend für reinsortige Röstungen. Die Bezeichnungen der Kaffees lauten wie die Anbaugebiete, außer in Tepi, von dort kommt die Sorte short berry. Der Anbau wird im Südwesten und im Osten des Landes betrieben, und zwar ausschließlich Arabica. Verschifft wird der Kaffee im benachbarten Djibouti, dessen Hauptstadt ein großer Hafen ist.

KAMERUN

Hauptstadt: Yaoundé
Blüte: Februar–März
Ernte: November–Jänner
Anbaugebiet: Kamerun
Hafen: Douala

Da die Kaffeepflanze erst 1913 nach Kamerun kam, ist es somit ein noch sehr junges Anbaugebiet. Produziert werden etwa zu gleichen Teilen Arabica und Robusta. Das Anbaugebiet liegt vorwiegend im Nordwesten Kameruns.

TANSANIA

Hauptstadt: Dodoma
Blüte: März–August
Ernte: November–Jänner
Anabaugebiet: Kilimandscharo
Hafen: Daressalam, Tanga

Tansania baut zu 75 % Arabica an, der restliche Teil der Produktion ist Robusta. Was Tansania so besonders macht, ist, dass sie einen extrem hohen Anteil an Perlbohnen produzieren können. Tansania Perl ist eine absolute Delikatesse. Es sind kleine perlenähnliche Bohnen mit einen lang gezogenen geraden Schlitz. Sie sind sehr einfach zu rösten.

SIMBABWE
Hauptstadt: Harare
Blüte: Dezember–Februar
Ernte: August–Oktober
Anbaugebiet: Simbabwe
Hafen: Beira (Mosambik)

Durch politische Fehlentscheidungen in der Vergangenheit sind der Anbau von Kaffee und seine Kultivierung etwas schwierig. Die Kaffeeproduktion erholt sich nur langsam. Die kleinen Kaffeebauern versuchen jetzt mit frei und wild wachsenden Kaffeebäumen die Qualität stetig zu verbessern.

MALAWI
Hauptstadt: Lilongwe
Blüte: Jänner–März
Ernte: Oktober–April
Anbaugebiet: Malawi
Hafen: Angoche, Chinole (Mosambik)

Viele kleine Kaffeebauern haben sich zu Vereinigungen zusammengeschlossen, um auch am Weltmarkt auftreten zu können. Das ist auch nötig, da Malawi-Kaffee nur einen sehr kleinen Teil der Weltproduktion ausmacht und die Bauern sonst keine Chance hätten.

UGANDA
Hauptstadt: Kampala
Blüte: März–April
Ernte: Dezember–Februar
Anbaugebiet: Uganda
Hafen: Mombasa (Kenia)

Uganda ist einer der größten und wichtigsten Robusta-Produzenten. Der Anbau von Arabica macht leider nur einen sehr geringen Teil der Kaffeeproduktion aus. Doch ist er von hervorragender Qualität und lässt sich auch sehr gut reinsortig rösten und anbieten. Über die Jahre ist Uganda gezeichnet von den vielen Diktatoren und dem langen Bürgerkrieg. An der Kaffeekultur hinterließ das allerdings nur wenig Spuren.

ELFENBEINKÜSTE
Hauptstadt: Yamoussoukro
Blüte: Februar–März
Ernte: November–April
Anbaugebiet: Ivory Coast
Hafen: Abidjan, San-Pédro

Hier wird ausschließlich Robusta angebaut. Der französische Name der Elfenbeinküste ist Côte d'Ivoire. Dieser Robusta ist ein sehr gutes Beispiel für den klassischen muffigen und erdigen Robusta-Geschmack.

BURUNDI
Hauptstadt: Bujumbura
Blüte: Jänner–März
Ernte: August–Dezember
Anbaugebiet: Burundi
Hafen: Mombasa (Kenia)

Burundi ist eines der ärmsten Länder der Welt. Angebaut werden Arabica und Robusta. Burundi wäre ein sehr gut geeignetes Agrarland, jedoch fehlen durch den langen Krieg Leute, welche die Kaffeebäume pflegen. Es wird nicht so schnell vonstattengehen, da sehr viele Menschen ins Ausland geflüchtet sind bzw. vorher anderes wieder aufgebaut werden muss. Dennoch sind ca. 70 % der landwirtschaftlichen Exporte Kaffee.

AUSTRALIEN

Hauptstadt: Sydney
Blüte: Dezember–März
Ernte: Juni–Oktober
Anbaugebiet: Queensland, New South Wales
Hafen: Port Curtis, Gladstone

Australien ist ein sehr junges Anbaugebiet im Vergleich zu den anderen. Kultiviert wird ausschließlich Arabica. Im Weltlistenrang mit dem Platz 50 ist Australien jedoch sehr weit hinten. Dafür glänzt Australia Skybury durch seinen geringen Koffeingehalt und sein sattes Aroma. Für Kaffee-Fans ist dieser ein absoluter Geheimtipp.

ASIEN

INDIEN

Hauptstadt: Delhi
Blüte: ganzjährig
Ernte: Oktober–Jänner und Juli–September
Anbaugebiet: Mysore und Madras
Hafen: Madras, Magaluru

Indien hat einen Spezialkaffee. Dieser sogenannte Monsooned-Kaffee wird nach der Ernte in offenen Lagerhäusern gelagert und dem Wetter ausgesetzt. Durch die hohe Luftfeuchtigkeit entsteht ein sehr eigener Geschmack. Sogar die Farbe verändert sich und wird nach dem Monsooning gelblich bis beige. Geschmacklich ist er eher würzig, dafür hat er durch das Aufquellenlassen bereits einen Teil seiner Säure verloren.

INDONESIEN

Hauptstadt: Jakarta
Blüte: ganzjährig
Ernte: Juli–November und Mai–Dezember
Anbaugebiet: Sumatra, Java
Hafen: Panjang-Bengkulu, Tuban

Aus Indonesien stammt der berühmte Kopi Luwak. Er wird auch gerne als Katzen-Kaffee bezeichnet. Dieser Raritätenkaffee ist einer der teuersten Kaffees der Welt. Eine Schleichkatzenart auf Indonesien frisst die Kaffeekirschen und über die Verdauungssäfte kommt es zu einer Fermentation, die den besonderen Geschmack geben soll. Die Aromen des Kopi Luwak reichen von würzig bis schokoladig, mit leichten Noten nach Karamell. Hauptabnehmer sind vor allem die Japaner, die einen großen Hype darum machen. Da es deswegen zu wenig Kopi Luwak für den Welthandel gäbe, werden nun in Thailand auch Elefanten mit Kaffee-Kirschen gefüttert. Jener Kaffee, der dabei entsteht, nennt sich Black Ivory. Die Verarbeitung funktioniert genauso wie bei den Schleichkatzen.

CHINA

Hauptstadt: Peking
Blüte: –
Ernte: –
Anbaugebiet: Insel Hainan, Yunnan, Guizhou, Sichuan
Hafen: –

Was viele nicht wissen, ist, dass China eines der jüngsten Anbaugebiete ist, der Anbau jedoch im Kleinen schon seit mehr als 100 Jahren betrieben wird. Geschmacklich ist der Kaffee vergleichbar mit jenem aus Kolumbien. Zu Ernte- und Blütezeiten gibt es jedoch keine genaueren Angaben.

FRANZÖSISCH-POLYNESIEN

TAHITI

Hauptstadt: Papeete
Blüte: –
Ernte: –
Anbaugebiet: Rurutu
Hafen: Papeete

Rurutu ist eines der kleinsten Kaffeeanbaugebiete der Welt. Dort wächst bereits unter 800 Höhenmetern hervorragender Arabica. Rurutu gehört zu den Inselgruppen Tahitis. Der Export dieses Arabica geht vorwiegend zu den Inseln im näheren Umkreis, jedoch bekommt man ab und an doch auch bei uns in einem Spezialitäten-Geschäft eine Packung Rurutu-Kaffee zu sehen. Zu Ernte- und Blütezeiten gibt es keine genaueren Angaben.

Weitere Kaffeeanbaugebiete sind:
Dominikanische Republik, Kenya, Jemen, Madagaskar, Sambia, St. Helena, Neukaledonien, Papua Neuguinea, Philippinen, Vietnam. In den zuletzt genannten Anbauländern, ausgenommen Kenya, Jemen, Papua Neuguinea und Sambia, wird vorwiegend Robusta angebaut.

rösten

Welches Wissen und welche Utensilien benötigt man, um Kaffee rösten zu können?

— Grundsätzlich braucht man **Rohkaffee** zum Rösten. Das ist der ungeröstete, grüne Kaffee, also der „Kern" der Kaffeekirsche. Hier gibt es unterschiedliche Qualitäten wie eben Arabica und Robusta. Zu empfehlen ist natürlich Arabica, da er am besten verträglich ist.

— Weiters benötigt man einen **Kaffeeröster**. Hier können Sie einen Pfannen-, Trommel- oder Kugelröster verwenden. Ich persönlich bevorzuge Trommel- und Pfannenröster. Neu gibt es diese Geräte selten und deswegen haben ein Bekannter und ich einen Pfannenkaffeeröster entwickelt, den man für offene Flamme, Ceranfeld, Induktion und E-Herd verwenden kann. So kann jeder zuhause ohne Probleme rösten.

— Zu diesen beiden Utensilien benötigen Sie noch ein feines **Sieb**, das einem Mehlsieb ähnlich sein sollte. Sollten Sie nichts anderes finden oder bekommen, können Sie natürlich auch ein größeres Nudelsieb verwenden. Das Sieb brauchen Sie, um den fertig gerösteten Kaffee mit Luft abzukühlen.

Wenn Sie all diese Dinge haben, könnten Sie theoretisch schon zu rösten beginnen. Wie man röstet und was man dabei beachten muss, ist auf den nächsten Seiten genau beschrieben oder auch als Kurs bei mir buchbar, um es mit Leichtigkeit und Genuss zu erlernen.

» *Links unten Sieb zum Abkühlen des Kaffees, in der Hand Rohkaffee, rechts der Röster auf der E-Herdplatte*

DIE RÖSTGRADE

Amerikanisch

Italienisch

Zimt

Wiener

Französisch

Grüne
Bohnen

Generell ist die Wiener Röstung zu bevorzugen. Dies ist ein schönes, gleichmäßiges, sattes und samtenes Braun. Bei dieser Röstung werden alle Säuren dementsprechend abgebaut. Die Aromastoffe können sich voll entfalten und die Bohne hat ein schönes, gleichmäßiges Farb-Bild, ohne ölig oder bitter zu sein. Das heißt, bei der Wiener Röstung ist der Kaffee verträglicher, da weniger Säuren enthalten sind. Tritt Öl aus, ist der Kaffee zu dunkel geröstet und Aroma geht dabei verloren, welches eigentlich in der Bohne bleiben sollte. Geschmacklich nimmt man die ölige Röstung als verbrannt und bitter wahr. Bei der Zimt- und Amerikanischen Röstung hatte die Bohne noch nicht genug Zeit, ihr ganzes Aroma zu entfalten, und der Kaffee schmeckt eher säuerlich als gut. Deswegen ist der zu bevorzugende Röstgrad, meiner Meinung, eindeutig die Wiener Röstung. So kann sich das ganze Potential der Bohne entfalten. Wenn man zu dunkel röstet, das heißt Französisch oder gar Italienisch, entsteht dabei Acrylamid, das im Verdacht steht, krebserregend und erbgutschädigend zu sein.

DAS RÖSTEN

Nun ist zu entscheiden, mit welchem Röster Sie rösten wollen. Wie eben vormals beschrieben, können Sie einen Trommelröster, Kugelröster oder einen Pfannenröster verwenden. Grundsätzlich funktioniert der Röstvorgang bei allen Arten gleich. Es spielt keine Rolle, ob Sie mit E-Herd, Ceranfeld, Induktion, Gasherd oder am offenen Feuer rösten.

— Geben Sie den frischen, grünen Kaffee in den Röster.

— Schalten Sie den Herd oder die Flamme ein und beginnen Sie die Kurbel gleichmäßig zu drehen. Die Richtung spielt dabei keine Rolle.

— Wie lange der Röstvorgang dauert, hängt von der Menge Rohkaffee ab, die Sie in den Röster gegeben haben.

— Grundsätzlich dauert dieser ca. 15 Minuten, um eine schöne Wiener Röstung zu erhalten. Die Wiener Röstung zeigt ein sattes, samtenes, schönes und gleichmäßiges Braun.

— Wichtig ist, dass Sie schonend rösten. Es sollte nicht zu viel Rauchentwicklung entstehen. Sollte dies der Fall sein, ist es notwendig, den Röster gleich von der Hitze zu nehmen und weiterzudrehen.

Bereits ab 50 °C verändert sich die Kaffeebohne und beginnt bei ca. 60–70 °C Wasser zu verlieren. Es ist äußerst wichtig, gleichmäßig zu drehen, damit die Bohnen nicht anbrennen können.

Bei ca. 100 °C fängt es an zu riechen und langsam verändert sich die Farbe der Bohnen in ein Goldbraun. Sollten Sie die Hitze nicht gleich in den Griff bekommen, nehmen Sie den Pfannenröster wieder vom Herd oder Feuer weg und schütteln Sie den Röster kurz, damit die Bohnen in Bewegung bleiben und nicht anbrennen können.

Man kann die Veränderung der Kaffeebohnen im Röster hören. Am Anfang der Röstung ist ein dumpfer Ton beim Drehen, wenn die Bohnen in Bewegung sind, zu hören. Der Klang wird immer heller, je näher sie auf die Wiener Röstung zugehen. Der Grund ist ein einfacher: Wasser verdampft und die Bohne nimmt um 50–100 % an Volumen zu. Je näher Sie zum Ende des Röstvorgangs kommen, desto intensiver riecht man den Kaffee und desto heller ist der Ton. Weiters hört man ein leichtes Knacken, ähnlich dem von Popcorn. Hat die Farbe ein schönes, samtiges Braun erreicht, ist der Kaffee fertig.

Nun ist es wichtig, die Bohnen gleich in das Sieb zu leeren und von Hand das Sieb am Körper seitlich vorbeizuschwenken. Dies ist die schonendste Methode, den frisch gerösteten Kaffee wieder abzukühlen. Sollten Sie den Kaffee nicht gleich verwenden, können Sie ihn in ein Glas mit Gummidichtung füllen. Im Anschluss ist noch einmal mit Bildern beschrieben, wie der Röstvorgang genau funktioniert.

Der Röstvorgang als Bildreihe

1 *Röster erhitzen und mit Rohkaffee befüllen. Wenn der Röster befüllt ist, gleich die Klappe schließen.* **2** *Jetzt gleichmäßig die Kurbel drehen. Die Richtung spielt keine Rolle!* **3** *Nach ca. 4 Minuten den Röster zum Egalisieren kurz von der Hitze nehmen. Das Egalisieren tritt ein, wenn die Kaffeebohnen das erste Mal zu ploppen beginnen. Den Röster schütteln, bis das Ploppen vorbei ist, und dann wieder auf die Hitze geben.* **4** *Nach ca. 10 Minuten hat die Bohne bereits Gewicht verloren und nimmt an Volumen zu. Die Farbe ist nun schon zimtähnlich. Schön langsam riecht es nach Kaffee.* **5** *Letztendlich ist die Wiener Röstung nach ca. 15 Minuten fertig. Das Aroma ist voll entwickelt und der Großteil an Säuren und Bitterstoffen ist abgebaut.* **6** *Den Kaffee gleich aus dem Röster in das Sieb schütten, damit er nicht weiter Farbe annimmt oder gar verbrennt.* **7** *Der Kaffee wird abgekühlt. Die Bewegung geht seitlich am Körper vorbei, dabei wird das Röstgut vor und zurück bewegt.*

SCAN ZUM VIDEO

Die wichtigsten Merkmale beim Rösten

— Von grün-bläulich verändert die Bohne ihre Farbe in ein schönes Mittelbraun.

— Beim Röstvorgang selbst verliert die Bohne ca. 10–20 % an Gewicht.

— Im Rohzustand ist die Bohne geschmacklich nicht aufregend, da sich erst beim Rösten die Aromen entwickeln.

— Durch den Verlust von Wasser nimmt die Bohne um ca. 50 % an Größe (Volumen) zu.

— Durch das Rösten werden Säuren und Bitterstoffe abgebaut.

zubereiten

Kaffee-Zubereitungsarten

Klassischer Filter-Kaffee

Filterkaffee ist die schonendste und bekömmlichste Art, Kaffee zu genießen. Natürlich ist gegen eine Espressomaschine nichts einzuwenden, weder gegen einen Vollautomaten noch gegen eine Siebträgermaschine (Espressomaschine). Im Folgenden werden die klassischen Zubereitungsarten mittels verschiedener Filtermethoden beschrieben.

Karlsbader Kanne

Die Karlsbader ist eine Porzellankanne mit integriertem Porzellannetz, welches als Filter dient. Dadurch wird kein Kaffeefilterpapier benötigt und es gibt keine Neben-Geschmäcker. Die Mahlung sollte ein wenig gröber sein als für regulären Filterkaffee. So kann das beste Ergebnis erzielt werden. Da Porzellan keinen Geschmack abgibt, ist dies die geeignetste Methode Kaffee zuzubereiten.

Scan zum Video

French Press Kanne (Stempelpress-Kanne)

French Press ist eine weitere Filtermethode, um Kaffee zuzubereiten. Man gibt den gemahlenen Kaffee in die Kanne, gießt mit siedendem Wasser auf, presst den Stempel nach unten und der Kaffee ist fertig. Durch das Gitter, das für den Stempel verwendet wird, kann das Ergebnis für eine sensorische Prüfung leicht beeinträchtigt werden, da Metall Geschmack abgibt.

SIEDENDES WASSER = Wenn beim Erhitzungsprozess am Boden des Gefäßes Bläschen zu sehen sind, das Wasser jedoch noch nicht kocht!

Mokka-Kanne

Die traditionelle Mokka-Kanne wurde in Italien erfunden und wird bis heute noch in heimischen Haushaltsküchen verwendet. Hierbei wird die Kanne unten aufgeschraubt, gemahlener Kaffee eingefüllt, Wasser dazugegeben und am Herd aufgekocht. In den untersten Teil Wasser einfüllen, das Sieb hineingeben und mit gemahlenem Kaffee befüllen. Glatt streifen und auf die restliche Kanne schrauben.

Aroma Brew

Die Aroma-Brew-Kanne stammt von der Firma Zassenhaus. Es ist eine Glas-Kanne mit einem Edelstahl-Filter. Diese Kanne eignet sich wunderbar für den täglichen schnellen Gebrauch. Man gibt das Kaffeemehl in den Filterzylinder und gießt mit siedendem Wasser auf. Filter herausnehmen und der Kaffee ist servierbereit in einer wunderschönen modernen Kanne.

Türkischer Kaffee

Türkischer Kaffee wird heute in östlichen Ländern nach wie vor gerne getrunken. Man nimmt das Kupfer- oder Edelstahlkännchen, gibt Kaffee-Mehl und Wasser hinein und lässt den Sud drei Mal am Herd aufkochen. Hierbei steigt der sogenannte Kaffee-Pilz (so sieht es beim Sieden aus) auf. Nach dem dritten Mal Aufkochen ist der türkische Kaffee fertig. Traditionell trinkt man ihn mit einem Stückchen Rahad. Dies ist ein Zuckerdragee, das auf die Zunge gelegt wird. Der Kaffee wird anschließend mit Satz über das Rahad geschlürft.

Ich persönlich bevorzuge die Karlsbader Kanne, da es für mich ein wahrer Genuss ist, reines Aroma zu schlürfen und dabei die Seele baumeln zu lassen. Es gibt auch noch weitere Filtermethoden oder Zubereitungsarten, nur diese bringen nicht immer einen ausgezeichneten Geschmack.

Die Espressomaschine

Das Kultgerät ist mittlerweile nicht mehr aus der Gastronomie und großteils auch nicht aus privaten Haushalten wegzudenken. Bereits im 19. Jahrhundert wurden die ersten Patente für Espressomaschinen eingereicht. In den 50er-Jahren erfuhr die Espressomaschine, also die klassische Siebträger-Maschine, den ersten richtigen Boom. Nicht nur Italien hatte mehrere kleine Erzeuger dieser Geräte, sondern auch Frankreich und Spanien.

Angelo Moriondo gilt als italienischer Erfinder der Espressomaschine. Er reichte sein Patent für das Gerät bereits 1884 ein. Achille Gaggia meldete 1938 ein Patent für eine Maschine an, die mit Hilfe eines Kolbens Wasser mit Druck durch den Kaffee presste. Heutige Maschinen trumpfen mit sämtlichen Spielereien auf.

Das Amüsante an der Geschichte der Espressomaschine ist, dass die meisten Erfinder der Geräte damit warben, dass die Creme, die plötzlich in der Tasse war, natürlich sei. Damals glaubten viele Gäste und Kunden, dass Chemie beigefügt wurde. Heute wäre jeder Gast verwirrt, würde er einen Espresso bestellen und es wäre keine Creme darauf.

Mittlerweile gibt es unzählige Hersteller von Espressomaschinen. Nicht immer ist das teuerste Produkt das beste, es kommt auch auf das Service an. Grundsätzlich sollte eine Espressomaschine immer gleichbleibenden Druck aufweisen und eine Wassertemperatur von ca 85–90 °C beim Brühvorgang zur Verfügung stellen. Wichtig ist, darauf zu achten, dass Sie beim Brühen den Kaffee gleichmäßig in den Siebträger drücken und den Rand abwischen. So bleibt kein Mahlgut zurück und Sie schonen die Dichtung.

mahlen

dosieren

aufbewahren

Die Mahlgrade

Um die richtigen Mahlgrade zu erlernen, ist ein wenig Übung nötig. Um Ihnen das Verstehen zu erleichtern, habe ich in diesem Kapitel die passenden Fotos dazu gemacht.

Grundsätzlich ist beim Mahlen von Kaffee die händische Variante die schonendste Methode. Es geht kein Aroma durch Hitze verloren. Der Geschmack bleibt somit voll und ganz in der Bohne!

Ein wichtiger Tipp ist noch, bei jedem Mahlvorgang zuerst nur eine sehr geringe Menge zu mahlen und diese zwischen Zeigefinger und Daumen kurz zu reiben. So erfühlen Sie den Mahlgrad, wie grob oder fein er ist, und nach einiger Zeit können Sie bereits nur auf Sichtkontrolle diese Mahlgrade unterscheiden.

SCAN ZUM VIDEO

Für Türkischen Kaffee

Die Mahlung ist sehr fein, sodass es bereits „Kaffee-Mehl" ist. In üblichen Supermärkten steht zumeist eine Mühle der Marken Mahlkönig oder Favorit mit der Bezeichnung Kenia. Um so fein zu mahlen, stellen Sie die Stufe 1 ein. Sollten Sie eine elektrische oder Hand-Mühle haben, so stellen Sie diese auf die feinste Stufe ein. Am besten eignet sich dafür die klassische Zassenhaus Havanna Messing, die ausschließlich „Kaffeemehl" reibt.

Mahlung für Türkischen Kaffee

Für Filter-Kaffee

Die Mahlung ist schon etwas gröber als die des türkischen Kaffees. Man erkennt bereits feine Körner. Bei der Mühle im Supermarkt stellen Sie Stufe 2,5–3 ein. Zu Hause, wie beschrieben, etwas gröber als bei der türkischen Mahlung.

Mahlung für Filter-Kaffee

Für Karlsbader Kanne

Für die Karlsbader Kanne sollte die Mahlung noch einmal um einen Grad gröber sein als bei der Filter-Mahlung. So verhindern Sie, dass der gemahlene Kaffee durch das Sieb läuft. Auf der Mahlkönig-Mühle im Supermarkt stellen Sie 4–4,5 ein und zu Hause einen Grad gröber als für den Filter-Kaffee.

Mahlung für Karlsbader Kanne

Die richtige Dosierung

Grundsätzlich gilt eine Faustregel, um Filterkaffee zu sieden: Die richtige Menge gemahlenen Kaffees für eine Tasse sind 10 g und für jede weiter Tasse 6 g. Das entspricht einem gehäuften Esslöffel und einem großem Esslöffel.

Wie auch im *Kapitel „Verkostung"* (S. 95) beschrieben, ist es wichtig, siedendes Wasser zu verwenden, um nicht den gemahlenen Kaffee mit dem heißen Wasser zu verbrennen. Die Folge davon wäre, dass der Kaffee auch verbrannt schmeckt. Die Karlsbader Kanne ist die bestmögliche Zubereitungsart für Kaffee. Darauf folgen die French Press und nicht zu vergessen die klassische Filterkaffeemaschine. Das heißt natürlich nicht, dass ein Kaffeevollautomat oder ein Halbautomat mit Siebträger schlecht ist. Ganz im Gegenteil, es hat jedes Gerät seine Berechtigung. Ich selbst verwende eine Espressomaschine von Gastroback in meinem Laden und bin äußerst zufrieden damit. *Dazu mehr unter „Meine Favoriten" ab Seite 135.*

Ein gehäufter Esslöffel gemahlener Kaffee für eine Tasse!

Aufbewahren von Kaffee

Kaffee sollte trocken und kühl gelagert werden. Das heißt, er soll nicht direkt auf der Fensterbank stehen, sodass die Sonne richtig daraufscheinen kann.

Kühl gelagert heißt jedoch auch nicht, den Kaffee in den Tiefkühler zu geben. *Dazu mehr im Kapitel „Kaffee und Gesundheit" ab Seite 72.*

Richtig gelagert heißt, den Kaffee mitsamt der Packung in eine Kaffeedose oder in ein großes Aufbewahrungsglas mit Gummidichtung zu packen.

Am besten wird Kaffee mit der Verpackung gelagert, da sich Öle und Fette am Glas oder in der Dose absetzen können. Kaffee sollte nicht im Gewürzregal aufbewahrt werden, da er ansonsten schnell andere Gerüche annimmt. Vor allem sollte man Kaffee nicht zu lange lagern, da Aromen verloren gehen. Kaufen Sie am besten kleine Mengen bei Ihrem Kleinröster um die Ecke.

Kaffee und Gesundheit

Kaffee hatte lange Zeit den Ruf, ungesund oder gar schädlich zu sein. Mittlerweile gibt es zahlreiche Studien und Berichte, die belegen, dass er das Gegenteil – nämlich gesundheitsfördernd – ist.

Viele Aussagen, die vor Jahren in Bezug auf die schädigende Wirkung in verschiedensten Bereichen der Gesundheit getätigt wurden, werden von Jahr zu Jahr, vor allem durch Langzeitstudien korrigiert. Ganz gleich ob es um Nervenkrankheiten, die Lunge, die Leber oder die Fruchtbarkeit geht – in den meisten Bereichen des menschlichen Körpers gibt es positive Auswirkungen von Kaffee.

POSITIVE EFFEKTE VON KAFFEE AUF DEN KÖRPER UND DIE GESUNDHEIT

Leber

Eine aktuelle Studie des Deutschen Instituts für Ernährungsforschung kam zum Schluss, dass Kaffee die Leber schützt. Das Forscherteam stellte fest, dass die Menge des zu sich genommenen Kaffees und das Leberkrebsrisiko in einer Wechselbeziehung zueinander stehen. Interessant daran ist, dass Menschen, die keinen oder weniger als 2 Tassen Kaffee trinken, ein größeres Risiko haben, an Leberkrebs zu erkranken, als jene, die mehr als 4 Tassen pro Tag konsumieren. Um 75 % geringer soll das Risiko, an Leberkrebs zu erkranken, bei jenen sein, die mehr als 4 Tassen pro Tag zu sich nehmen. Kaffee soll demnach einen gewissen Schutz vor Entzündungen und Zellschäden darstellen. [2]

Herz

Er macht nicht nur ein wohliges Gefühl ums Herz, Kaffee hat auch positive Wirkungen auf das Organ selbst. Bei einem Konsum von 3–5 Tassen pro Tag soll er sogar die Arterien reiner halten. Ärzte aus Korea führten diese Studie durch. Durch die Untersuchung der Herzkranzgefäße kamen sie zum Schluss, dass bei den Probanden am wenigsten Verkalkung vorhanden war, die eben 3–5 Tassen Kaffee täglich zu sich nahmen. [3]

Diabetes

US-Forscher kamen zum Schluss, dass Kaffee auch vor Diabetes-Typ-2 schützen kann. Für diese Studie wurden 120 000 Menschen herangezogen und deren Daten über einen Zeitraum von 4 Jahren ausgewertet. Steigert man seinen Kaffeekonsum deutlich, soll dieser positive Effekt auftreten. Bei ca. 3 Tassen täglich soll sich das Risiko bereits um 37 % reduzieren. [4]

Magen

Durch die Säuren, die in Kaffee enthalten sind, wie Chlorogensäure, Essigsäure, Zitronensäure, Apfelsäure, Oxalsäure und Kaffeesäure, wird die Peristaltik (Bewegung) in Magen, Darm und Gallenblase angeregt. Ein hoher Konsum an Kaffee ist jedoch schädlich für die Magenschleimhaut. Dies ist auf die Chlorogensäure zurückzuführen. Auswirkungen können Magengeschwüre, Sodbrennen, Übelkeit, Blutungen und Gallenkoliken sein. Vor allem im Robusta (*Coffea canephora*) ist viel mehr Chlorogensäure enthalten als im Arabica. Um diesen „Leiden" ein wenig entgegenwirken zu können, ist es empfehlenswert, nur 100 %igen Arabica-Kaffee mit einer schonenden und längeren Röstung zu genießen. Über die längere Röstdauer werden Säuren und Reizstoffe abgebaut. Da Arabica dementsprechend weniger Säuren enthält, kann der verminderte Teil an Chlorogensäure auch antioxidativ wirken, das heißt, in geringen Mengen würde diese vor oxidativem Stress schützen, sprich der Zellalterung vorbeugen. [5]

Gallensteine

Studien bestätigen, dass der Konsum von Kaffee sich nicht auf die Bildung von Gallensteinen auswirkt. Er gibt sogar eine mögliche Schutzfunktion von 28 %. Dies wurde in der Nurses Health Study herausgefunden. 85 000 Frauen wurden dafür getestet. 4 Tassen Kaffee täglich wurden verabreicht. Es gibt auch noch weitere Studien dazu, bei der sich nur Männer dem Test unterzogen. Hier war das Ergebnis, dass Männer bei 4 Tassen oder mehr ein um 45 % geringeres Risiko haben sollen. Beide Studien sagen somit aus, dass sich der Konsum von Kaffee vorbeugend auf die Bildung von Gallensteinen auswirkt. [6]

Bauchspeicheldrüse

Studien haben widerlegt, dass der Konsum von Kaffee schlecht für die Bauchspeicheldrüse ist. Es wurde intensiv daran geforscht und die Hypothese, dass Kaffeekonsum ein erhöhtes Risiko mit sich bringt, an einem Pankreaskarzinom (Bauchspeicheldrüsenkrebs) zu erkranken, kann nun vom Tisch gefegt werden. Zu dieser Vermutung gibt es tatsächlich keinerlei Ursache. [6]

Fruchtbarkeit

Sowohl Frauen als auch Männer können vom Kaffeekonsum im Punkt Fruchtbarkeit profitieren. Bei einer Konsumation von 2–3 Tassen täglich kann Kaffee bei Männern aphrodisierend wirken und dadurch auch die Fruchtbarkeit fördern. Frauen hingegen sollten nicht mehr als 4 Tassen trinken, da es sonst die Fruchtbarkeit mindern könnte (durch die Hemmung der Muskelaktivität der Eileiter). [5]

Brust und Gebärmutter

Moderater Kaffeekonsum von 1–4 Tassen Kaffee kann Frauen vor Brustkrebs und Gebärmutterkrebs schützen. Bereits eine Tasse täglich lässt das Risiko, an einem dieser beiden Tumorarten zu erkranken, sinken. [5]

Darm

Bislang gab es noch keine gezielten Studien über den Zusammenhang von Kaffeekonsum und Darmgesundheit. Es wurde jedoch im Rahmen einer Studie entdeckt, dass 4 Tassen Kaffee täglich die Prognosen bei Dickdarmkrebs verbessern und das Wiederauftreten des Tumors deutlich verringern. [5]

Erektionsprobleme

Ab sofort ist es vorbei mit der schlappen Nudel. Studien zufolge sollen 2–3 Tassen Kaffee das Liebesleben der Herren und natürlich dann auch der Damen verbessern. Durch die vermutete Entspannung der Muskeln des Penis und die Erweiterung der Arterien wird mehr Blut in diesen Bereich gepumpt. [8]

Multiple Sklerose

Amerikanische Wissenschaftler führten ein Experiment über den Zusammenhang zwischen Kaffeekonsum und MS durch. Jedoch war dies vorerst nur ein Versuch an Mäusen, die eine Menge an Kaffee in Relation zum Menschen bekamen. Die Forscher fanden heraus, dass bei einer Menge von 6–8 Tassen die MS-Symptome rückläufig waren. Studien an Menschen blieben vorerst noch aus.

Eine australische Studie befasste sich mit dem Thema Kaffee, Sport und Muskeln. Bei dieser Studie war das verblüffende Ergebnis, das der Glykogen-Wert in den Muskeln um bis zu 66 % gestiegen war. Glykogen ist ein wichtiger Energielieferant für den Muskel. Wie sich der Vorgang im Körper genau äußert, muss noch weiter erforscht werden. [9]

Schlaganfall-Risiko

Bei einer Studie aus Stockholm wurde beobachtet, dass sich das Risiko eines

Schlaganfalles bei Frauen mindert, sobald jene eine Tasse Kaffee am Tag zu sich nehmen. Rund 35 000 Frauen nahmen an dieser Studie über einen längeren Zeitraum teil. [10]

Haut

Unser größtes Organ profitiert auch vom Kaffeekonsum. Amerikanische Forscher beobachteten, dass regelmäßiger Kaffeekonsum mit einer täglichen Menge von 3 Tassen positive Effekte auf die Haut hat. Frauen sollen demnach um ein 20 % geringeres Risiko haben, an Hautkrebs zu erkranken. Bei Männern liegt der Wert bei ca. 9 %. [11]

Ohr

Tinnitus ist weit verbreitet und äußert unangenehm. Kaffee soll bei einer Tagesdosis von ca. 600 mg Koffein (dies entspricht ca. 7 Tassen), das Risiko von Tinnitus um 15 % mindern. [5]

Koffeinfreier Kaffee

Aktuelle amerikanische Studien sagen aus, dass koffeinfreier Kaffee schädlicher ist als koffeinhaltiger. Ein erhöhter Anstieg der Blutfette und somit auch des Cholesterins hätte die Folge, dass das Risiko für Herz- und Gefäßleiden steigt.

187 Probanden wurden über einen Zeitraum von 3 Monaten getestet. Die Menge an Kaffee, die jene erhielten, waren 3–6 Tassen. [12]

Dehydration

Eine Studie der University of Birmingham beschäftigte sich mich mit dem Thema Kaffee im Vergleich zu Wasserkonsum und Dehydration. Die 3 Tage dauernde Studie mit 50 Männern zeigte auf, dass Kaffee keinen Einfluss auf die Dehydrierung hat. Die Getesteten tranken gewohnheitsmäßig täglich ca. 3–6 Tassen Kaffee. In beiden Gruppen war kein signifikanter Unterschied des Dehydrations-Grades erkennbar. Der Schluss daraus ist, dass die Gewöhnung von Kaffee dazu führt, dass dem Körper nicht mehr Flüssigkeit entzogen wird als beim Trinken von Wasser. [13]

Übersäuerung

Übersäuert Kaffee den Körper? Lange Zeit glaubte man, dass dies der Fall und Kaffee nicht basisch sei. Prof. Dr. Jürgen Vormann vom Institut für Prävention und Ernährung in Ismaning/München schreibt, dass Nahrungsmittel unterschiedlich verwertet (verstoffwechselt) werden. Die einen sauer und die anderen basisch.

Über die tägliche Nahrungsaufnahme werden Lebensmittel wie Eier, Fleisch, Fisch, Käse und noch weitere aufgenommen, die säurebildend wirken. Die meiste Arbeit, um die Säure verarbeiten zu können, haben die Nieren. Diese können durch basische Ernährung unterstützt werden, um die Säuren leichter auszuscheiden. Prof. Vormann schreibt weiter, dass auch Kaffee basisch sei. Mit einem Pral-Wert von -1,4 (*Pral: Potential Renal Acid Load/Säurebelastung der Niere*) sei er ein wichtiger Basenträger in der täglichen Ernährung. Er soll teilweise das Kompensieren von Milchschokolade und Fleisch unterstützen. [6]

Lebensverlängerung

Eine neue Studie der Harvard T.H Chan School of Health zeigt, dass moderates Kaffeetrinken das Risiko eines vorzeitigen Todes verringern kann. Menschen, die 3–5 Tassen Kaffee am Tag trinken, können weniger wahrscheinlich vorzeitig an einigen Krankheiten versterben, als solche, die weniger oder keinen Kaffee trinken. Es wurde festgestellt, dass ein geringeres Risiko an Herz-Kreislauf-Erkrankungen, neurologischen Erkrankungen wie Parkinson, Selbstmord und Diabetes-Typ-2 besteht. [14]

Asthma

Lange Zeit weiß man davon, dass Kaffee Asthma vorbeugt. Geschichtlich datiert wurden die ersten Ergebnisse dazu vor 150 Jahren. Unzählige Studien wurden über die Jahre dazu gemacht. Was heute feststeht, ist, dass ein täglicher Konsum von Kaffee das Risiko für Asthma um 28 % senkt. Dies wurde in mehreren Studien festgestellt. Zudem ist es interessant zu wissen, dass die Häufigkeit von Asthma sinkt, wenn die getrunkene Menge Kaffee steigt (=Dosis-Wirkung-Beziehung). [6]

Gehirn

Viele Studien beschäftigen sich mit Alzheimer, einer Form von Demenz. Bei dieser Krankheit sterben Nervenzellen im Gehirn ab. Man weiß noch nicht, wie und warum das passiert.

Es gibt mehrere Theorien, diese Krankheit in den Griff zu bekommen. Eine davon ist die Anregung durch Zucker, da dieser einer der wichtigsten Hauptenergie-Lieferanten für das Gehirn und den ganzen Körper ist. Betroffene Alzheimer-Erkrankte können Zucker nicht mehr in den Nervenzellen im Gehirn aufnehmen. Aus diesem Grund könnten Ketone (Stoffwechselprodukte, die bei der Umwandlung von Fett in

Zucker in der Leber entstehen) als Ersatz verwendet werden. Der Clou ist, dass Kaffee die Ketonproduktion um bis zu mehr als 100 % erhöht! [7]

Morbus Parkinson

Dies ist eine Krankheit, bei der die Nervenzellen quasi verkümmern. Das Trinken von Kaffee könnte das Risiko, daran zu erkranken, verringern. Der Grund ist, dass die Veränderung eines bestimmten Gens zu Parkinson führen könnte und der Genuss von Kaffee diese mindert. [5]

Wachsamkeit

Es gibt viele Studien zum Thema Wachsamkeit bzw. anregende Wirkung des Kaffeekonsums. Wissenschaftler bestätigen in zwei verschiedenen Studien, dass sogar Menschen, die sich ohnehin wach fühlten, noch fitter wurden. Es gibt aber auch Hinweise, dass Kaffeetrinker, die regelmäßig Kaffee konsumieren, eine immer größere Menge zu sich nehmen müssen. Das könnte mit einem Gewöhnungseffekt erklärbar sein. [6]

Geistige Leitungsfähigkeit

Der Genuss von Kaffee fördert die Leistungsfähigkeit. Koffein lässt unser Gehirn Informationen schneller verarbeiten. Dies ist vor allem dann praktisch, wenn sich jemand mit sehr anspruchsvollen Arbeiten und Aufgaben beschäftigt. Koffein steigert die Reizverarbeitung und somit laufen viele Prozesse schneller ab. Dadurch könnte auch das Gedächtnis verbessert werden. [6]

Physische Leistungsfähigkeit

Ebenso wie auf die geistige Leistungsfähigkeit wirkt sich das Koffein auch auf den restlichen Körper anregend aus. Über die Erweiterung der Blutgefäße, die Entspannung der Muskeln und das Erweitern der Bronchien steigt auch die physische Leistung. Lange Zeit wurden von Athleten oder Sportlern anregende koffeinhaltige Getränke konsumiert, um so bessere Leistungen erzielen zu können. Koffein wirkt sich demnach auch positiv auf den Stoffwechsel und die Sauerstoffaufnahme aus. [6]

Gicht

Forscher fanden heraus, dass der Konsum von Kaffee und das Entstehen von Gicht nicht unbedingt einhergehen. Eine Studie, die über 26 Jahre lief, zeigt auf, dass der regelmäßige Genuss sogar schützend wirken kann. Der Grund, warum

Kaffee unterstellt wurde, Gicht zu fördern, war der, dass ein Stoff im Koffein dem der Harnsäure ähnlich ist. Jedoch hat die Forschung ergeben, dass die Menge an Harnsäure im Blut mit dem Konsum von Kaffee sinkt, da andere Wirkstoffe die Harnsäure-Konzentration senken. [6]

Depressionen

An den beiden relevanten Studien, die hier zitiert werden – eine wurde rein mit Männern und die andere mit Frauen durchgeführt, zeigten die Ergebnisse, dass Kaffee Depressionen senken konnte. Was die auslösenden Faktoren für diese positive Wirkung sein könnten, wurde jedoch nur gemutmaßt. Es könnte beispielsweise mit der Wirkung von Kaffee auf Neurotransmitter im Gehirn zu tun haben. Dies trifft jedoch nicht auf koffeinfreien Kaffee zu. [6]

Prostata

Ausnahmsweise scheint es nicht das Koffein zu sein, das das Risiko, an Prostatakrebs zu erkranken, vermindert. An dieser Studie waren 48 000 Männer beteiligt. Der Konsum von mehr als 6 Tassen Kaffee täglich zeigte auf, dass sich das Risiko bei Kaffeetrinkern verringerte. Welcher Stoff im Kaffee diese positive Aus-

wirkung hat, ist jedoch noch nicht geklärt. [6]

Kopfschmerzen

Koffein kann bei Kopfschmerzen helfen, da es auch ein leichtes Schmerzmittel ist. Zudem unterstützt es Arzneimittel, damit diese schneller wirken. In vielen Medikamenten bzw. in der alternativen Medizin wird Koffein oftmals als Verstärker heilender Substanzen eingesetzt. [6]

Entzündungen

Wissenschaftler der Universität in Stanford (Stanford University School of Medicine) fanden heraus, dass Koffein möglicherweise Entzündungsprozesse hemmen kann. Dazu wurden Daten aus einer Studie verwendet. Möglicherweise ist auch das die Antwort, warum Genießer von Kaffee länger leben als jene, die keinen trinken, wie es oftmals in Studien ermittelt wurde. [7]

Verdauung

Kaffee hat eine verdauungsfördernde Wirkung. Durch den Genuss wird die Magensaft-Ausschüttung angeregt und somit ist die aromatische Tasse Kaffee nach dem Essen mehr als nur ein Geschmackserlebnis. [15]

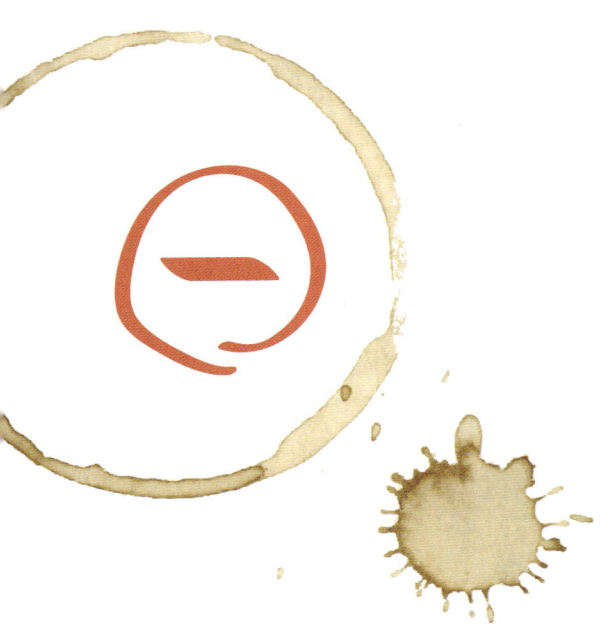

MÖGLICHE <u>NEGATIVE</u> EFFEKTE VON KAFFEE AUF DEN KÖRPER UND DIE GE-SUNDHEIT

Hormonhaushalt

Dieser kann dann beleidigt werden, wenn Kaffee aus dem Pappbecher kommt. Die chemischen Verbindungen im Deckel und in der Beschichtung lassen sich durch heiße Flüssigkeit und Fette leicht herauslösen. Demnach ist heißer Kaffee ein wunderbares Lösungsmittel für Plastik, das sich auch nur sehr langsam im Körper wieder abbauen lässt. Wie viel Gefahr von dieser Seite wirklich in Verzug ist, wurde von den Wissenschaftlern noch nicht geklärt. [16]

Schlaf

Viele Studien beschäftigen sich mit dem Zusammenhang von Kaffeekonsum und Schlafverhalten. Bestätigt wurde bisher, dass Kaffee den Schlaf verzögern kann, vor allem bei solchen Menschen, die generell keinen bis wenig Kaffee konsumieren. Bei anderen, die regelmäßig Kaffee trinken, tritt auch in dieser Hinsicht ein gewisser Gewöhnungseffekt ein. Einig sind sich die Wissenschaftler jedoch noch nicht, wann der Schlafraub einsetzt. Manche sagen, der Morgenkaffee wirkt sich am folgenden Abend negativ auf den Schlaf aus, andere verneinen diese Feststellung. Hier muss noch weiter geforscht werden, da es zu diesem Punkt viele unterschiedliche Ergebnisse gibt, die noch nicht zu 100 % aussagekräftig sind. [6]

Angstanfälle

Vor allem Mitmenschen, die bereits an Angstzuständen leiden, sollten den Konsum von Kaffee reduzieren. Koffein kann, laut Studien aus den 90er-Jahren, Angstzustände verstärken. Die Forscher glauben jedoch, dass dies kein Dauerzustand sein muss. Möglich wäre, dass der Konsum von Kaffee in angepasster Dosis Schritt für Schritt gesteigert wird, damit sich das Risiko für Angstanfälle von selbst regulieren kann. [6]

Abhängigkeit

Kaffee wird oft als leichte Droge bezeichnet. Dem ist nicht so. Man kann lediglich von einer leichten Abhängigkeit durch den Gewöhnungseffekt sprechen. Durch den Entzug von Kaffee können Kopfschmerzen, Migräne, schlechte Laune, Konzentrationsschwäche und Müdigkeit auftreten. Die Entzugserscheinungen dauern ca. 2–9 Tage. Bereits nach ca. 12 Stunden kann der fehlende Konsum von Kaffee derartige Erscheinungen hervorrufen. [6]

Schwangerschaft

Verschiedene europäische Gesundheitsinstitutionen und Behörden raten, nicht mehr als 300 mg Koffein (dies entspricht circa 3–4 Tassen) pro Tag zu sich zu nehmen. Bei dieser Höchstmenge sollte es keine negativen Auswirkungen in der Schwangerschaft geben. Wissenschaftler sind sich jedoch noch nicht einig darüber und es müssen noch weitere Studien durchgeführt werden. [6]

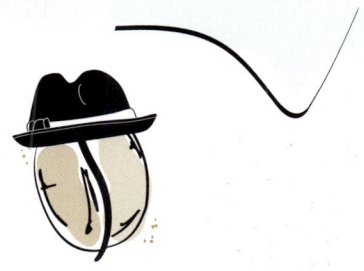

Dieses nachgemachte Blut ist so balsamisch abgekocht, von so gesunden Kräften, dass es auch sogar in den verdrießlichsten Gesellschaften die angenehmsten Dienste tut.

Daniel Stoppe

spannendes

Spannendes über Kaffee
ALLGEMEINE STUDIEN

Einfrieren von Kaffee

Eine Studie befasste sich mit der Lagerung von Kaffee durch Einfrieren und dem Mahlen gefrorener Bohnen. Anlass dafür war die immer wieder von Kunden gestellte Frage, ob sie denn die gesamte Packung Kaffee im Gefrierfach lagern können.

Der Versuch wurde mit zwei Kaffeesorten aus Afrika und zwei aus Amerika gemacht. Vorab wurde getestet, wie sich die jeweilige Kaffee-Sorte bei der Mahlung und der anschließenden Lagerung verhält. Dabei wurden vier Anbauländer herangezogen (Tansania, Äthiopien, Guatemala und El Salvador).

Für den Test der Mahlung wurde eine Mühle von Mahlkönig mit der Typenbezeichnung EK 43 verwendet, welche 1480 U/min erreicht. Dabei ging es vor allem um die Gleichheit der Mahlpartikel in Größe und Form.

Erst 16 Tage nach der Röstung wurden von allen 4 Sorten je 20 g in einem Abstand von 10 Minuten gemahlen, sodass sich die Mühle dazwischen wieder auf Raumtemperatur abkühlen konnte.

Der Kaffee aus Guatemala war der einzige Kaffee, der in weiterer Folge für die Gefrierstudie verwendet wurde. Grund dafür war, dass Guatemala-Kaffee zurzeit sehr gefragt und gut ausbalanciert ist. Vier Proben wurden zu je 20 g in Papierschalen gegeben und mit Trockeneis und Stickstoff behandelt, in den Gefrierschrank gelegt und offen auf der Theke gelagert. Bei den unter 0 °C gekühlten Bohnen wurde kein Kondenswasser festgestellt. Die Kaffees wurden unmittelbar vor der Mahlung aus ihren Temperaturzonen genommen und waren nicht länger als 1 Sekunde in der Mühle, da 20 g nicht viel sind. Die gemahlenen Proben wurden im Anschluss gleich in Gefäße gegeben und zur nächsten Analyse gebracht. Der Grund dafür, die Proben gleich in Behältnisse zu geben, war, dass sich kein Kondenswasser bilden konnte.

Es gab minimale Unterschiede der gefrorenen Kaffees. Für die Zukunft stellt sich die Frage, ob man kryogenen Kaffee, also bei niedrigen Temperaturen (um den Gefrierpunkt) gelagerten Kaffee, produzieren kann. Das Problem ist jedoch das Risiko vieler Bruchbohnen, da sich das Wasser in der Bohne zusammenzieht.

Das Gesamtergebnis der Studie besagt, dass gefrorener Kaffee eine gleichmäßige Partikelverteilung beim Mahlen liefern kann. [17]

Grundsätzlich finde ich diese Studie nicht wirklich aussagekräftig, da es nicht darum geht, ob der gemahlene und gefrorene Kaffee geschmacklich gesehen besser ist. Es geht nur darum, ob er sich gut und gleichmäßig mahlen lässt! Weiters wurde er sofort nach dem Mahlen, im noch gefrorenen Zustand verwendet. Die Sinnhaftigkeit ist daher in Frage zu stellen. Denn, überlegt man, was mit gefrorenem Gut beim Auftauen passiert (nämlich dass sich beim Öffnen der Packung Kondenswasser innen bildet), scheint es klar, dass dies nachteilige Effekte auf die weitere Lagerfähigkeit und vorallem den Verlust von Kaffeearoma nach sich ziehen wird.

Meine Antwort dazu lautet: NEIN!
Außer der Kaffee wird portionsweise (also 8 g/Tasse)
eingefroren und sofort verwendet!

Koffeinfreie Kaffeepflanzen in Äthiopien entdeckt

Brasilianische Forscher haben Coffea-Arabica-Pflanzen, die von Natur aus kein Koffein enthalten, in Äthiopien entdeckt. Seit 1987 suchte das brasilianische Forscherteam danach und hat dabei über 1000 Kaffeesorten getestet. Diese Pflanzen sollen natürlich mutiert sein. Die Sorten AC1, AC2 und AC3 möchten sie mit regulären Arabica-Sorten kreuzen und damit den Versuch starten, geschmacklich hervorragende koffeinfreie Kaffeebohnen wachsen zu lassen. Es sollten lediglich 0,76 mg Koffein pro Gramm Trockenmasse enthalten sein. So würde man keine Chemie mehr benötigen, um Kaffee zu entkoffeinieren, und geschmacklich gäbe es keinen Verlust mehr. [18]

Filterkaffee – die bekömmlichste Form des Kaffeegenusses

Forscher kamen zur Erkenntnis, dass gefilterter Kaffee bekömmlicher ist als gebrühter Kaffee, da dieser Kaffeeöl enthält (Crema). Die im Kaffeeöl enthalten Stoffe Kahweol und Cafestol wirken sich auf den Cholesterinspiegel aus. Die beiden fettlöslichen Stoffe lassen den Cholesterinspiegel ansteigen und ebenso den Homocystein-Serumspiegel im Blut. Durch das Ansteigen von Cholesterin und Homocystein können sich die Blutgefäße verengen und die Ablagerungen erhöhen. Die Folgen daraus wären Durchblutungsstörungen, Herzinfarkt und Schlaganfall. Vor allem herzkranke Patienten würden darunter leiden. [5]

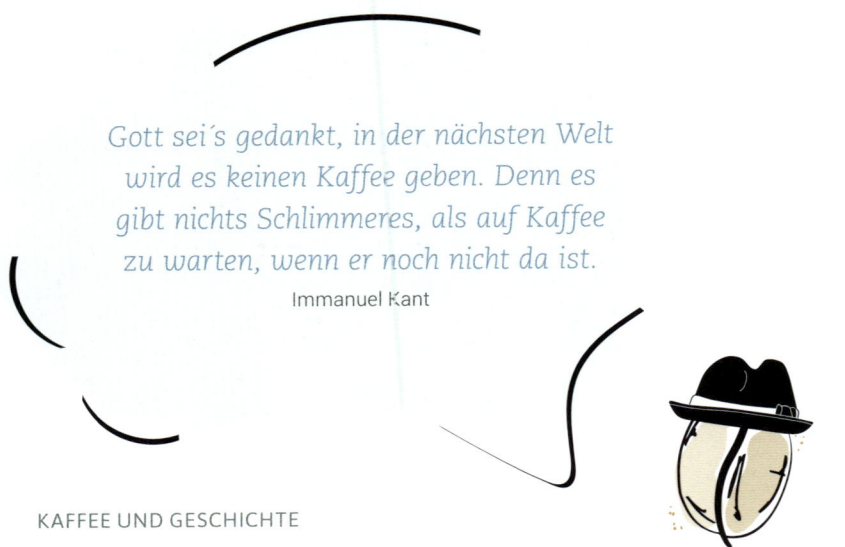

Gott sei's gedankt, in der nächsten Welt wird es keinen Kaffee geben. Denn es gibt nichts Schlimmeres, als auf Kaffee zu warten, wenn er noch nicht da ist.

Immanuel Kant

geschichtliches

WICHTIGE GESCHICHTLICHE ECKDATEN

1015

Ibn Sina

Geboren wurde Ibn Sina um 980 n. Chr. in Chorasan (heutiges Afghanistan) als Sohn eines Steuereintreibers. Seine Leidenschaft, Wissen zu erlangen, begann bereits in sehr jungen Jahren. Er beschäftigte sich mit vielen Studien und vor allem auch mit den Lehren des Korans. Als großer Philosoph, Mathematiker, Theologe, Dramatiker und auch Mediziner seiner Zeit verfasste er unzählige Werke während seines Lebens. Er soll auch über die Kaffeepflanze und deren stimulierende Wirkung in einem seiner Werke geschrieben haben.

1454

Scheich Gemaleddin ließ 1454 im Jemen die ersten Kaffeekulturen anbauen, da er so begeistert von diesem Genussmittel war. Dafür ließ er sich Samen aus den Bergen Abessiniens holen.

1511

Durch den Glaubenskrieg zwischen religiös Gläubigen und Freigeistern und die unterschiedlichen Meinungen über die positive oder negative Wirkung von Kaffee wurden 1511 alle Kaffeeschänken in und um Mekka geschlossen. Der Sultan von Ägypten verhängte das Verbot, da die Kaffeetrinker in den Schänken manchmal über ihn spotteten. Das Verbot wurde jedoch wieder aufgehoben.

1530

Die ersten Kaffeehäuser entstanden in Damaskus und Aleppo 1530 und 1532.

1554

Das erste Kaffeehaus auf europäischem Boden wurde gegründet. Im damaligen Konstantinopel, heutiges Istanbul, eröffneten zwei Kaufleute ein Kaffeehaus. Die Namen der beiden waren Dschems von Damaskus und Hakim von Aleppo.

1582

Leonard Rauwolf

Der 1535 in Augsburg geborene Physiker und Arzt wusste bereits um so manche Wirkung von Kaffee. Das Wissen hatte er durch seine Reisen in den arabischen Raum erlangt. Er beschrieb und dokumentierte den Kaffee bereits 1582 in seinen Reiseberichten.

1592

Ein italienischer Arzt und Botaniker namens Prosper Alpinus veröffentlichte die ersten genauen Beschreibungen der Kaffeepflanze und der Frucht.

1645

In Venedig wurde das Cafè Florian eröffnet. Es folgten viele weitere Kaffeehäuser auf europäischem Boden.

1683

Wien wird zum zweiten Mal von den Türken belagert. Sie ließen das kostbare Gut Kaffee bei ihrem Rückzug in der Stadt zurück. Der Legende zufolge soll Georg Franz Kolschitzky die zurückgelassenen Kaffeesäcke gerettet haben.

1685

Luigi Ferdinando Graf von Marsigli

Jener, geboren in Bologna, war Gelehrter und Soldat. 1682 wurde Marsigli von den Türken bei Raab gefangen genommen. Dort lernte er die Künste des Kaffeekochens. Nach seiner Gefangenschaft schrieb er 1685 das Buch „Die Geschichte des Kaffees", das er dem Apostolischen Nuntius Francesco Bonvisi widmete. Marsigli wusste bereits zu dieser Zeit über die Aufbewahrung und Aromastoffe des Kaffees Bescheid.

Er beschrieb den Vorgang der Röstung und erklärte, dass die Bohne nicht zu stark geröstet werden darf, denn sonst würde Geschmack verloren gehen und die Bohne verbrannt sein. Über die Röstkunst sagte er Folgendes: „Sowohl Schale als auch Bohne dürfen beim Rösten nicht zu stark verbrannt werden, denn das würde ihnen schaden und es würde alles weggebrannt werden, was die Melancholie und Phlegma vertreibt."

Aus: „Die Geschichte des Kaffees"
von Luigi Fercinando, Graf von Marsigli,
Verlag: appresso Gio.van Ghelen, 1685

Man muss sich vorstellen, Marsigli wusste im Prinzip damals schon um die heutige Wiener Röstung. Leider haben viele Fachleute altes Wissen zwar gehört oder gelesen, es aber als veraltet angesehen oder ignoriert. So vieles ist jedoch bis heute im Kern der Aussagen immer noch richtig. Es kamen lediglich über die Jahre Ergänzungen hinzu.

Johannes Deodat

Viele glauben, dass Georg Franz Kolschitzky der Erste war, der ein Kaffeehaus nach der zweiten Türkenbelagerung in Wien eröffnete. Sein Kaffeehaus „Zur blauen Flasche" ist sehr berühmt. Karl Teply widerlegte

jedoch die Theorie von Kolschitzky. Johannes Deodat, gebürtiger Armenier, war es, der das erste Wiener Kaffeehaus am 17. Jänner 1685 eröffnete. Erst wenig später kamen weitere Kaffeehäuser dazu. So eben auch das Kaffeehaus Kolschitzkys bzw. das Kaffeehaus von Isaac de Luca mit dem Namen „Café Rebhuhn".

1703

Zu diesem Zeitpunkt sollen sich die Kaffeehäuser bereits vom regulären Wirtshaus abgesetzt haben. Mit der täglichen Auflage von Zeitungen und der Möglichkeit, Billard und Karten zu spielen, wurde das Wiener Kaffeehaus ein Platz für jedermann. Anfänglich war das Kartenspiel in den Kaffeehäusern staatlich verboten, wurde ein Betreiber erwischt, musste er eine saftige Strafe zahlen.

1808

1803–1813, also ca. zehn Jahre lang, verhängte Napoleon eine Handelssperre für England. 1808 trat auch Österreich dieser Handelssperre bei. Dadurch wurde der Kaffee sehr hoch besteuert, sodass sich die Kaffeesiedereien ihn sich fast schon nicht

mehr leisten konnten. Um nicht Bankrott zu gehen, suchten die Betreiber der Kaffeehäuser nach Alternativen. Dies war wahrscheinlich die Geburtszeit von alternativen Kaffeesorten, also Kaffeesurrogaten. Verwendet wurden Roggen, Zichorie, verschiedene Kerne und Gerste, die genauso wie Kaffee geröstet und ausgeschenkt wurden. Nach der Aufhebung der Sperre kam es zur Renaissance des Wiener Kaffeehauses im Jahr 1815. Ab diesem Zeitpunkt wurde das Wiener Kaffeehaus wieder zu dem, was es ursprünglich vor der Kontinentalen Handelssperre gewesen war, und dadurch Vorbild im ganzen europäischen Raum.

1820
Goethe und Runge

J. W. v. Goethe, berühmter deutscher Dichter, der in Frankfurt geboren wurde, wollte um die Inhaltsstoffe seines geliebten, anregenden Kaffeegetränks wissen. Er ging zu Friedlieb Ferdinand Runge und teilte ihm seine Idee mit. Der Chemiker war überzeugt von der Idee Goethes und machte sich ans Werk, bis er 1820 als Erster das Koffein entdeckte.

1856

Bis 1856 wurde Frauen kein Zutritt zu Kaffeehäusern gewährt. Man war der Meinung, dass der Umgang mit Kaffee, Alkohol und Tabak nicht gut für die Damen sei. Letztendlich wurde 1856 das Verbot aufgehoben und das Kaffeehaus, „Cafe Français"

öffnete als erstes Kaffeehaus seine Pforten nun auch für die Damenwelt. Anfänglich wurde dies von den Herren nicht gerne gesehen.

1906

Ludwig Roselius

Er war der Erste, der dem Kaffee das Koffein entzog. Dies verursachte der Tod seines Vaters. Die Ärzte meinten damals, er sei auf den überdurchschnittlichen Konsum des schwarzen Getränkes zurückzuführen. Daraufhin forschte Roselius in eigener Sache. Als er erfuhr, dass sich ein gewisser Herr Detlefsen mit der Entkoffeinierung befasste, beschloss er 1904, sich mit ihm zusammenzutun. Detlefsen verlor schnell das Interesse daran, da nicht gleich Erfolge zu sehen waren, bis letztendlich Roselius 1906 ein

Patent für die Enkoffeinierung von Kaffee einreichte. Er gründete am 21. Juni 1906 die Kaffee-Handels-Aktien-Gesellschaft, also die bekannte Marke Kaffee HAG.

Für die Genauigkeit der Jahreszahlen gibt es leider keine hundertprozentigen Belege, da sich Historiker oftmals bei der Datierung der Ereignisse nicht einig sind. Das könnte auch im Kaffeebereich der Fall sein. Da es wenige Niederschriften gibt und hauptsächlich Erzählungen, ist es äußerst schwierig, die Richtigkeit der Daten bestätigen zu können.

Der Kaffee muss schwarz sein wie der Teufel, heiß wie die Hölle, rein wie ein Engel und süß wie die Liebe.

Charles-Maurice de Talleyrand-Périgord

Kaffee-Tracht
von damals und heute

Die Robe des Kaffeesieders

Oftmals sieht man wunderschöne Kupferstiche oder Radierungen in Kaffee-hauskarten eines osmanischen Kaffeeverkäufers oder eines traditionellen ös-terreichischen Kaffeesieders. Die bunten Bilder stellen meist Szenen in den ersten Kaffeehäusern dar. Die Kluft, welche die Kaffeesieder trugen, war zu damaligen Zeiten meistens osmanisch, da wir die Tradition von dort über-nahmen.

Der Fes

Jeder Kaffeesieder, der etwas auf sich hielt, trug einen Fes. Auch Kolschitzky ist fast immer mit einem solchen abgebildet. Der Fes ist eine aus rotem Filz gefertigte, einem Kegelstumpf ähnliche Kopfbedeckung aus dem Orient. Er wird auch Fez oder Tarbusch genannt. Der einem umgedrehten Kübel ähnli-che Hut mit flachem Deckel hat als besonderes Merkmal eine Quaste. Diese ist entweder schwarz, blau oder goldfarben. Legenden besagen, dass der Name der Kopfbedeckung von der Stadt Fès in Marokko abgeleitet wurde.

Heute findet man ihn immer noch in Marokko oder Tunesien. Anfang des 15. Jahrhunderts kam der Fes nach Venedig und wurde von der Dienerschaft getragen, bis er letztendlich auch bei uns Halt auf den Köpfen der ersten Kaf-feesieder machte.

Osmanisches Gilet

Was natürlich auch nicht fehlen durfte, war das wunderschön verzierte os-manische Gilet. Mit detaillierten Stickereien und feinstem Stoff waren Gilets eine Zierde für jeden Kaffeesieder.

Osmanische Ballonhose

Die knielangen Hosen waren aus Baumwolle, Leinen und Seide. In der Seite hatten sie Zierschlitze mit teuren Futterstoffen. Der Schnitt der Hosen war so, dass das Wams gleich daran befestigt werden konnte. Ursprünglich ging die Hose bis zu den Knöcheln. 1580 wurde es modern, sie lediglich bis zu den Knien zu schneidern. Von der orientalischen Tracht ist die Pluderhose nicht wegzudenken. Die Hose wurde sowohl für Herren als auch für Damen geschneidert.

Die Kaffee-Tracht des Kaffeesommeliers heute

Es sind einfache, doch wichtige Bestandteile der Kleidung, an denen man einen klassischen Kaffeesommelier sofort erkennen kann. Um Traditionen weiterzuführen und einen Wiedererkennungswert zu schaffen, hat das Kaffeeinstitut in Wien für seine erfolgreichen Absolventen eine Tracht eingeführt. Diese Tracht tragen ausschließlich Kaffeesommeliers, welche die Ausbildung am Kaffee-Institut in Wien absolviert haben.

Die Ausstattung eines Sommeliers ist demzufolge ein braunes Gilet mit Abzeichen darauf, ein beiges Hemd und ein braunes Maschenband. Bei den Absolventengraden gibt es Unterschiede wie auch in der Tracht oder Uniform. Das Gilet des Chef-Diplom-Kaffeesommeliers hat eine goldene Borte zusätzlich, damit man ihn gleich erkennt. Auch hier werden ein beiges Hemd und ein braunes Maschenband dazu getragen. Kombiniert werden die Kleidungsstücke meist mit einer schwarzen Hose und schönen, geschlossenen Schuhen. Im Vergleich dazu trägt ein Barista meist nur eine Schürze. Die Espressokultur entstand erst in den 50er-Jahren und die Barista-Kultur ist eine noch jüngere Zeiterscheinung.

Die Tracht des Kaffeesommeliers lehnt sich auch an die Tradition an. Die goldene Borte am Gilet soll an die reichverzierten osmanischen Vorgänger erinnern. Das Wiener Kaffeehaus wurde von der UNESCO im Jahr 2011 zum immateriellen Kulturgut ernannt. Wir dürfen stolz darauf sein und unsere geliebte Kaffeehauskultur weitertragen und repräsentieren.

» Ich persönlich trage statt dem braunen Band gerne meine Jutekrawatte und meine beigen Ledertrachtenschuhe.

verkosten

Sensorische Prüfung von Kaffee

Kaffee ist erwiesenermaßen mehr als eine schwarze Brühe, da wir mittlerweile über 900 seiner Aromastoffe kennen. Diese Zahl wird allerdings noch steigen, da nach wie vor daran geforscht wird. Um die sensorische Prüfung zu erleichtern, habe ich ein kleines Aroma-Rad zusammengestellt.

DER ÄUSSERE KREIS BESCHREIBT DEN KÖRPER DES KAFFEES ...

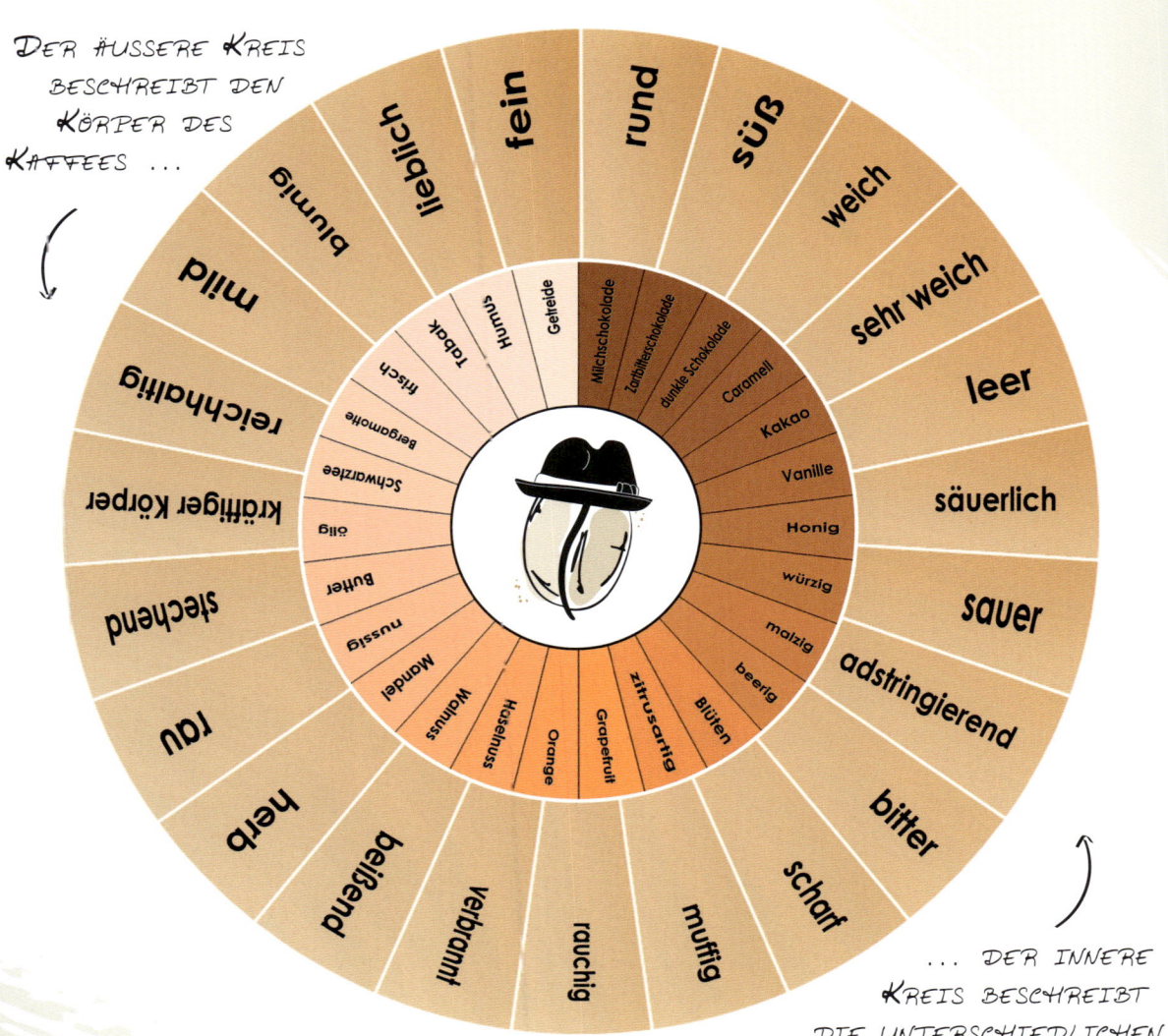

... DER INNERE KREIS BESCHREIBT DIE UNTERSCHIEDLICHEN ASPEKTE DES GESCHMACKS.

KAFFEEVERKOSTUNG

Um den fertig gerösteten Kaffee richtig verkosten zu können, ist es wichtig, die richtige Verkostungs-Methode anzuwenden.

— Verkostet wird mit einer Karlsbader Kanne, auf die ich im Kapitel *„Zubereitungsarten"* (S. 62) genauer eingehe.

— Verkostet wird warm, lau und kalt, um alle Aromen erschmecken zu können.

— Wichtig ist, nur siedendes Wasser zu verwenden. Der Kaffee würde vom kochenden Wasser verbrannt.

— Um den vollen Geschmack zu erkennen, ist es äußerst wichtig, den Kaffee mit einem Esslöffel zu schlürfen. So kann sich der Geschmack im ganzen Mundraum ausweiten, was die sensorische Prüfung erleichtert.

— Kaffee wird beim Verkosten nicht ausgespuckt, sonst schmeckt man den Abgang nicht.

— Um mit allen Sinnen bei der Verkostung zu sein, läuft diese bestenfalls in Ruhe und Stille ab. So können alle notwendigen Geschmackskomponenten erkannt werden.

— Sollten Sie mehrere Kaffees verkosten, ist es wichtig, zwischendurch einen Schluck Wasser zu trinken, um den Mundraum geschmacklich wieder zu neutralisieren.

Nach der Prüfung mit dem Aroma-Rad hilft die Tabelle auf der nächsten Seite bei der Verkostung. Hier ist die Möglichkeit gegeben, verschiedene Kaffeearten zu notieren und zu bewerten.

Kaffee-Verkostung

	Sorte 1	Sorte 2	Sorte 3
Optik und Beschaffenheit der Bohne			
Sorte			
Geruch			
Verkostung			
Bewertung			
Gesamtergebnis			

Qualitätsprüfungen durch sensorische Verkostungen

Man kann als Kaffeesommelier sensorische Prüfungen für Röstereien oder für sich selbst vornehmen. Bei Kaffee ist der Geschmack wie bei allen Pflanzen abhängig von äußeren Einflüssen. Deshalb kann auch jedes Jahr der selbe Kaffee eine Nuance anders schmecken, da Regenfälle und Sonnenzeiten variieren und sich die Bohne unterschiedlich entwickelt.

Bei einer sensorischen Prüfung ist vor allem wichtig, dass man alle Muster mit gleicher Temperatur siedet, die gleiche Grammatur verwendet wird, die am besten genauestens abgewogen ist, und den Kaffee erst unmittelbar vor der Verkostung frisch mit der Handmühle reibt. Wichtig ist vor allem auch, dass der Kaffee erst ein paar Stunden oder maximal ein paar Tage (1–2) vorher geröstet wurde, denn durch die Lagerung geht ein Teil des Aromas verloren.

Verkostet wird warm, lau und kalt. Gefiltert wird mit einer Karlsbader Kanne, um ein aussagekräftiges Ergebnis zu erhalten. Man kann alle Zubereitungsarten, die man kennt oder zur Verfügung hat, verkosten und prüfen. Wichtig ist, wirklich kritisch und konzentriert an eine solche Verkostung zu gehen.

Prüfen sollte man alles, was einem im ersten Moment auffällt bis zu den standardisierten Eigenschaften. Am besten notiert man alle Erfahrungswerte, damit man sich ein klares Bild schaffen kann. Manche Röstereien lassen sich von Sommeliers Unterstützung geben, um auch später wirklich ein nahezu perfektes Ergebnis in der Tasse zu haben. Das unten angeführte Protokoll wurde von mir für eine Firma, die den Wechsel der Rösterei plante, durchgeführt.

SENSORISCHE PRÜFUNG = objektives und analytisches Verkosten von Kaffe mit allen Sinnen zur Bestimmung der Qualität

Verkostungs-Protokoll

Muster-Kaffee 1
Rösterei XY

SENSORIK

Röstbild:

Samtenes, sattes Mittelbraun – fast perfekte Wiener Röstung; zu schnell angeröstet; bei ca. 80–90 °C nicht von der Hitze heruntergegangen – dadurch entstand eine grobe Vernarbung an der Oberfläche (hat keinen nennenswerten geschmacklichen Einfluss – lediglich ein optischer Mangel); sehr gut durchgeröstet, washed Qualität sehr gut erkennbar; kein Austritt an Aroma; auf 10 g Kaffee nur 2 Bruchbohnen. Die Anzahl der Bruchbohnen ist eine deutliche Verbesserung! Das Röstbild des bestehenden Muster-Kaffees 0 mild ist eine Spur schöner als das von Muster-Kaffee 1 der Rösterei XY. Das heißt, die Bohnen im bestehenden Muster-Kaffee 0 konnten schöner aufgehen als die von XY. Die Bohnen von XY sind deutlich kleiner (weniger Volumen).

Aufguss:

orientalisch-würziger Geruch, buttrig, herb

Sensorik:

Zitrusfruchtige runde Noten, leichter Geschmack nach weißer Schokolade, auf der Zunge eher flach, im Abgang lang anhaltend, kommt geschmacklich dem bestehenden Muster-Kaffee 0 mild schon sehr nahe!

EMPFOHLENE ZUBEREITUNGSARTEN:

Karlsbader Kanne, French Press Kanne, Mokkakanne, Filterkaffeemaschine, Vollautomat, Espressomaschine, Aroma Brew (Wurde auch alles getestet!)

EMPFOHLENE DEKLARATION AM ETIKETT:

Wie bei der letzten Prüfung bereits geschrieben.

BERICHT

Verkostet wurden der bestehende Muster-Kaffee 0 mild und der Muster-Kaffee 1 aus der Rösterei XY. Für die sensorische Prüfung wurden folgende Verkostungs-Methoden verwendet: Karlsbader Kanne, Espressomaschine, Kaffeevollautomat, French Press, Aroma Brew, Mokkakanne.

Bei der Verkostung wurde festgestellt, dass der Muster-Kaffee aus dem Hause XY zu schnell geröstet wurde.

Dadurch ist ein leichter geschmacklicher Verlust erkennbar. Ebenso ist eine tiefe Vernarbung vorhanden. Diese gilt als optischer Mangel. Der Aufguss und der Geschmack waren ansonsten zufriedenstellend. Leichte Nachbesserung wäre notwendig.

EMPFOHLENE MASSNAHMEN NACH DER VERKOSTUNG:

Der Röster sollte bei 90 °C kurz von der Hitze gehen, um ein gleichmäßiges und sauberes Ergebnis zu erhalten. Als ideale Farb- und Geschmacksbasis empfehle ich den Muster-Kaffee 1 mild von XY zu verwenden. Eine Nuance dunkler wäre der perfekte Espresso. Eine Nuance heller als der Muster-Kaffee 1 wäre der perfekte milde Kaffee. Das Ergebnis wäre beim Muster-Kaffee 1 ein aromareicher-zitrusfruchtiger Kaffee mit Aromen nach weißer Schokolade, welcher ein schönes samt-braunes Farbbild hätte. Beim Espresso hingegen würde ein würziger, vollmundiger Kaffee mit Aromen nach Caramell und Butter entstehen. Für das erste Muster hat die Rösterei XY dennoch gute Arbeit geleistet. Es ist eine kleine Verbesserung zum bestehenden Muster-Kaffee 0, da er „süffiger" ist.

PS.: Das bestehende zugesendete Muster-Kaffee 0, mit der Chargennummer XY weist sehr viele schwarze Bohnen in der Packung auf! Dies dürfte nicht sein! Hier müsste nach dem Rösten selektiert werden!

» Sehr viele schwarze Bohnen in der Wiener Röstung! Gekennzeichnet sind jene mit einem roten Punkt. Eventuell reklamieren, da die ganze Charge betroffen sein kann!

MUSTER-KAFFEE 1

» grobe oberflächliche Vernarbung (auf jeder Bohne)

PRIVATE KAFFEE-VERKOSTUNGEN

Man kann solche Verkostungen auch zu Hause mit der Familie oder Freunden machen. Das ist oft ein Gag, da nur wenige Menschen eine Kaffee-Verkostung schon einmal mitgemacht haben. Man muss sie nicht so ausführlich betreiben wie die zuletzt beschriebene. Man kann sie auch vereinfachen.

Hier ein Beispiel, wie eine Verkostung bei mir im Geschäft aussieht. Gebucht werden solche Verkostungen von Privatleuten, Firmen, Ausflugsgruppen und von Schulen mit Gastronomiezweig.

Ablauf meiner Verkostungen:

Zuerst wird über Geschichte und Legenden von Kaffee erzählt. Als Nächstes werden die unterschiedlichen Kaffeequalitäten behandelt. Weiter geht es mit dem Rohkaffee und einer Schauröstung mit dem Handröster. Interessierte können das Rösten von Hand unter meiner Anleitung selbst versuchen. Beim ersten Mal ist es schwierig. Dabei ist vor allem auf die Gleichmäßigkeit der Drehung, den Geruch, die Rauchentwicklung, das Knacken der Bohnen etc. zu achten. Nach der Röstung wird der Kaffee abgekühlt, so wie es auf den Bildern auf Seite 59 gezeigt wird. Im Anschluss wird kurz das Röstbild besprochen. Der nächste Schritt ist das Mahlen des Kaffees und das Vorbereiten der Verkostung an sich. Siedendes Wasser zubereiten, gemahlenen Kaffee in die Karlsbader Kanne geben und in eine Tasse gießen. Verkostet wird von der ganzen Gruppe. Den Prozess kann man, wenn man möchte, mit mehreren Sorten Kaffee durchführen. Nach der eigentlichen Verkostung werden noch ein oder zwei Spezialkaffees zubereitet. Meist ein Gewürzkaffee und ein Fiaker. Das hat einen einfachen Grund: Ich liebe die beiden Kaffeezubereitungen, vor allem wenn man selbst gemachten Kaffeelikör dafür verwendet. Zu den Spezialkaffees gibt es verschiedene Mehlspeisen, eben auch klassisch gehalten, wie im Wiener Kaffeehaus. Im Anschluss wird gemütlich geplaudert und dem Genuss gefrönt.

Ein Tipp für zu Hause:

Sollten Sie das Rösten nicht können, gehen Sie zur nächsten kleinen Kaffeerösterei. Kaufen Sie dort kleine Packungen und machen Sie eine Verkostung ohne Röstung. Sollten Sie keine Karlsbader Kanne haben, können Sie auch andere Zubereitungsarten verwenden. Es sollte einfach eine gemütliche Zeit mit der Familie oder Freunden werden. Vor allem macht es riesen Spaß!

SCAN ZUM VIDEO

MYTHOS ROBUSTA FÜR DIE CREME

Oftmals wird davon gesprochen, dass man Robusta für die Creme braucht. Dem ist nicht so. Ich habe über die Jahre so viele verschiedene Arabica-Sorten geröstet, verkostet und vor allem auch in verschiedensten Varianten zubereitet und das Ergebnis war eindeutig: Man braucht keinen Robusta für die Creme, lediglich das Können, Kaffee richtig zuzubereiten.

Robusta ist günstiger und hat weniger Aroma als Arabica und ist eben nicht so gut verträglich durch die Säure. Über die vielen Tests, die ich durchgeführt habe, kam ich zur Frage, warum ich nun Robusta für die Creme verwenden soll, wenn Arabica doch das gleiche, oder sogar bessere Ergebnisse liefert.

Ich habe in der Folge einen Vergleich aufgezeichnet und bildlich dargestellt. Getestet wurde mit einer Espressomaschine von Gastroback und mit einem günstigen Kaffeevollautomaten von der Firma Spidem. Die beiden Maschinen habe ich deswegen ausgewählt, da solche Typen in den meisten Haushalten vorhanden sind.

Der Vollautomat von Spidem ist schon ein etwas älteres Modell, durch den bereits Hunderte Kaffees geflossen sind. Durch richtige Reinigung und Wartung läuft dieser bis heute, als wäre er neu. Ich habe ihn auch oft zusätzlich bei Großveranstaltungen eingesetzt. Die Gastroback-Espressomaschine wird gerne in kleinen Gastronomiebetrieben und zu Hause verwendet, deswegen habe ich auch diese Type ausgewählt. Es wäre dieser Test auch genauso mit allen anderen Kaffeemaschinen möglich, mit dem identen Ergebnis. Es gäbe eventuell eben in der Creme einen halben Millimeter bis einen Millimeter Unterschied.

Getestet wurden vier willkürlich ausgewählte Kaffees, zwei Arabica und zwei Robusta. Zuerst wurden alle Sorten abgewogen. Die Sorten waren Nicaragua SHG EP, Mexiko SHG Organic, Vietnam Robusta Grade 1 und India Robusta Cherry AA. Die Kaffees wurden in dieser Reihenfolge getestet. Alle sind frischeste Ernte mit Top-Qualität, um für gleiche Verhältnisse zu sorgen. Zuerst wurde die Testreihe mit der Espressomaschine durchgeführt, im Anschluss mit dem Vollautomaten. Es wurde in allen Stadien der Testreihe darauf geachtet, gleiche Verhältnisse zu schaffen. So wurde immer mit 8 g Kaffee, gleichem Mahlgrad, der gleichen Wassermenge, der gleichen Wassertemperatur und auch der gleichen Zeitdauer für alle Stadien gearbeitet. Absolute Sorgfalt war bei jedem Kaffee angesagt, um für aussagekräftige Ergebnisse zu sorgen. Die Erntezeiten waren bei allen Kaffees 2016/2017. Röstgrad und Röstdauer wurden ebenso abgestimmt.

1 Testmaschine Gastroback Espressomaschine **2** Testmaschine Spidem Vollautomat

Das Resultat der Testreihen auf den folgenden Seiten:

Robusta erzeugt nicht mehr Creme als Arabica, obwohl oft gesagt wird, dass dies nicht möglich sei. Der Mexiko SHG Organic und der Vietnam Robusta lieferten zwei Mal das gleiche Ergebnis. Der India Robusta Cherry AA wies bei beiden Geräten das schlechteste Ergebnis auf, trotz AA-Qualität und dem Mythos, dass man ihn für die Creme brauche. Alle Kaffees wurden im Wiener Röstgrad geröstet und unmittelbar danach zubereitet. Aus der Gesamtbetrachtung geht hervor, dass die Arabica-Bohnen das deutlich bessere Ergebnis bezüglich Creme geliefert haben.

Begonnen wurde mit Nicaragua SHG EP. Geröstet wurde dieser 1 Stunde vorher.

» *Nicaragua SHG EP wird genau auf 8 g Kaffee gewogen, in die Mühle zum Mahlen gegeben und in der Espressomaschine gebrüht. Das Ergebnis der Messung der Creme 5 Sekunden nach dem Brühvorgang sind 10 mm.*

Zweiter Test mit Mexiko SHG Organic. Geröstet wurde dieser 1 Stunde vorher.

» *Mexiko SHG Organic wird genau auf 8 g Kaffee gewogen, in die Mühle zum Mahlen gegeben und in der Espressomaschine gebrüht. Das Ergebnis der Messung der Creme 5 Sekunden nach dem Brühvorgang sind 9 mm.*

ROBUSTA

Dritter Test mit Vietnam Robusta Grade 1. Geröstet wurde dieser 1 Stunde vorher.

9mm

» *Vietnam Robusta Grade 1 wird genau auf 8 g Kaffee gewogen, in die Mühle zum Mahlen gegeben und in der Espressomaschine gebrüht. Das Ergebnis der Messung der Creme 5 Sekunden nach dem Brühvorgang sind 9 mm.*

ROBUSTA

Vierter Test mit India Robusta Cherry AA. Geröstet wurde dieser 1 Stunde vorher.

6mm

» *India Robusta Cherry AA wird genau auf 8 g Kaffee gewogen, in die Mühle zum Mahlen gegeben und in der Espressomaschine gebrüht. Das Ergebnis der Messung der Creme 5 Sekunden nach dem Brühvorgang sind 6 mm.*

ARABICA

Begonnen wurde mit Nicaragua SHG EP. Geröstet wurde dieser 1 Stunde vorher.

8m

» *Nicaragua SHG EP wird genau auf 8 g Kaffee gewogen, in die Mühle zum Mahlen gegeben und im Vollautomaten gebrüht. Das Ergebnis der Messung der Creme 5 Sekunden nach dem Brühvorgang sind 8 mm.*

ARABICA

Zweiter Test mit Mexiko SHG Organic. Geröstet wurde dieser 1 Stunde vorher.

9

» *Mexiko SHG Organic wird genau auf 8 g Kaffee gewogen, in die Mühle zum Mahlen gegeben und im Vollautomaten gebrüht. Das Ergebnis der Messung der Creme 5 Sekunden nach dem Brühvorgang sind 9 mm Creme.*

ROBUSTA

Dritter Test mit Vietnam Robusta Grade 1. Geröstet wurde dieser 1 Stunde vorher.

9mm

» *Vietnam Robusta Grade 1 wird genau auf 8 g Kaffee gewogen, in die Mühle zum Mahlen gegeben und im Vollautomaten gebrüht. Das Ergebnis der Messung der Creme 5 Sekunden nach dem Brühvorgang sind 9 mm Creme.*

ROBUSTA

Vierter Test mit India Robusta Cherry AA. Geröstet wurde dieser 1 Stunde vorher.

7mm

» *India Robusta Cherry A A wird genau auf 8 g Kaffee gewogen, in die Mühle zum Mahlen gegeben und im Vollautomaten gebrüht. Das Ergebnis der Messung der Creme 5 Sekunden nach dem Brühvorgang sind 7 mm Creme.*

» *Verkostungslabor in Peru.*

VERKOSTUNG UND SENSORISCHE PRÜFUNG VON VIER KAFFEES

Um Ihnen zu zeigen, wie Sie Ihre Kaffees nach der sensorischen Prüfung protokollieren können, habe ich die Kaffees des Creme-Tests auch verkostet. Ich habe das Prüfungsprotokoll unten in vereinfachter Form dargestellt. Hierfür wurden von allen vier Sorten jeweils 150 g Kaffee geröstet und verkostet.

In diesen vier Protokollen sind die Unterschiede auch sehr gut erkennbar, alleine schon bezüglich der geschmacklichen Komponente.

Verkostungs-Protokoll
Nicaragua SHG EP
crop. 16/17

SENSORIK

Röstbild: *Samtenes, sattes Mittelbraun – perfekte Wiener Röstung; sehr gut durchgeröstet, washed Qualität sehr gut erkennbar; kein Austritt an Aroma; auf 150 g Kaffee kein Kaffeefehler. Schöne Form der Bohne, keine Vernarbungen erkennbar. Glatte, saubere Oberfläche*
Aufguss: *nussiger Geruch, buttrig, weich*
Sensorik: *Haselnuss-Malz, runde Noten, leichter Körper, auf der Zunge kurz etwas flach, im Abgang lang anhaltend, keine säuerlichen Nuancen*

EMPFOHLENE ZUBEREITUNGSARTEN:

Karlsbader Kanne, French Press Kanne, Mokkakanne, Filterkaffeemaschine, Vollautomat, Espressomaschine, Aroma Brew

BERICHT

Verkostet wurde Nicaragua SHG EP crop. 16/17. Für die sensorische Prüfung wurden folgende Verkostungs-Methoden verwendet: Karlsbader Kanne. Der Aufguss und der Geschmack waren sehr zufriedenstellend. Nachbesserung in der Röstung ist keine notwendig.

ARABICA

Verkostungs-Protokoll
Mexiko SHG Organic
crop. 16/17

SENSORIK

Röstbild: *Samtenes, sattes Mittelbraun – perfekte Wiener Röstung; sehr gut durchgeröstet, washed Qualität sehr gut erkennbar; kein Austritt an Aroma; auf 150 g Kaffee gibt es einen Kaffeefehler. Schöne Form der Bohne, keine Vernarbungen erkennbar. Glatte, saubere Oberfläche. Die Bohne ist schon fast einer Maragogype ähnlich (Bohnengröße).*
Aufguss: *orientalisch-würziger Geruch, buttrig, kräftig*
Sensorik: *am Gaumen feine, milde bis kräftige Struktur, leichtes Karamellaroma, fruchtig im Geschmack, sehr lang anhaltender Abgang, man schmeckt ihn sehr lange nach dem Verkosten immer noch am Gaumen*

EMPFOHLENE ZUBEREITUNGSARTEN:

Karlsbader Kanne, French Press Kanne, Mokkakanne, Filterkaffeemaschine, Vollautomat, Espressomaschine, Aroma Brew

BERICHT

Verkostet wurde Mexiko SHG Organic crop. 16/17. Für die sensorische Prüfung wurden folgende Verkostungs-Methoden verwendet: Karlsbader Kanne. Der Aufguss und der Geschmack waren sehr zufriedenstellend. Nachbesserung in der Röstung ist keine notwendig. Die Größe der Bohnen ist schon Maragogype ähnlich. Sehr schöne, glatte, große Bohnen ohne geschmackliche Säure.

Verkostungs-Protokoll
Vietnam Robusta Grade 1
crop. 16/17

SENSORIK

Röstbild: *Samtenes, sattes Mittelbraun – perfekte Wiener Röstung; sehr gut durchgeröstet. Dieser Kaffee wurde trocken aufbereitet; kein Austritt an Aroma; auf 150 g Kaffee kommen vier Kaffeefehler (2 Shells, 1 Bruchbohne, 1 Kaffeebohrerbefall). Rundliche Form der Bohne mit geradem Schlitz, keine Vernarbungen erkennbar. Glatte, saubere Oberfläche.*
Aufguss: *beißender, fruchtig-säuerlicher Geruch*
Sensorik: *am Gaumen kräftige stechende Struktur, erdige getreidige Aromen, säuerlich im Geschmack, sehr lang anhaltender Abgang*

EMPFOHLENE ZUBEREITUNGSARTEN:

Karlsbader Kanne, French Press Kanne, Mokkakanne, Filterkaffeemaschine, Vollautomat, Espressomaschine, Aroma Brew

BERICHT

Verkostet wurde Vietnam Robusta Grade 1 crop. 16/17. Für die sensorische Prüfung wurden folgende Verkostungs-Methoden verwendet: Karlsbader Kanne. Der Aufguss und der Geschmack waren unaufregend. Dieser Kaffee hat sehr wenige Geschmacksnuancen, die dann auch durch den stechenden Geschmack übertüncht werden. Nachbesserung in der Röstung ist keine notwendig.

ROBUSTA

Verkostungs-Protokoll
India Robusta Cherry AA
crop. 16/17

SENSORIK

Röstbild: *Samtenes, sattes Mittelbraun – perfekte Wiener Röstung; sehr gut durchgeröstet. Dieser Kaffee wurde trocken aufbereitet; kein Austritt an Aroma; auf 150 g Kaffee ist ein Kaffeefehler zu erkennen. Rundliche Form der Bohne mit geradem Schlitz, keine Vernarbungen erkennbar. Glatte, saubere Oberfläche. Für Robusta sind die Bohnen sehr groß.*
Aufguss: *Geruch nach Butter und dunkler Schokolade*
Sensorik: *am Gaumen scharfe würzige Struktur, erdige, malzig-schokoladige Aromen, säuerlich-herb im Geschmack, sehr lang anhaltender Abgang*

EMPFOHLENE ZUBEREITUNGSARTEN:

Karlsbader Kanne, French Press Kanne, Mokkakanne, Filterkaffeemaschine, Vollautomat, Espressomaschine, Aroma Brew

BERICHT

Verkostet wurde India Robusta Cherry AA crop. 16/17. Für die sensorische Prüfung wurden folgende Verkostungs-Methoden verwendet: Karlsbader Kanne. Der Aufguss und der Geschmack waren in Ordnung für Robusta. Die erkennbaren Aromen sind voll und ganz da und dennoch durch die Schärfe des Kaffees wenig intensiv. Nachbesserung in der Röstung ist keine notwendig. Für Robusta ist das getestete Ergebnis voll und ganz in Ordnung.

» Verkostung beginnend mit Nicaragua bis India Robusta. Die einzelnen Sorten werden verkostet. Wichtig ist das konzentrierte Schlürfen, damit nicht der Geschmack der Probe zuvor zurückbleibt, den Löffel am besten in einer Serviette abtupfen und dann erst weiter verkosten.

PROBLEMFALL KAFFEE-PADS

Viele Institutionen beschäftigen sich mittlerweile damit, Irreführungen der Konsumenten bei der Deklaration von Kaffee aufzudecken. In Österreich übernehmen das vor allem der Verein für Konsumenteninformationen (VKI) und die Arbeiterkammer Österreich (AK WIEN). In Deutschland setzt sich Öko-Test stark dafür ein, Fehlinformationen aufzuklären und zu veröffentlichen.

Der VKI testet laufend Kaffee und deckte auf, dass so mancher Kaffee-Pad-Hersteller statt echtem gemahlenem Kaffee nur Löskaffee verwendet. Zusätzlich zu den lediglich 9,8 % Löskaffee sind zahlreiche Zusatzstoffe, Fette und vor allem auch Zucker enthalten. Mit der Deklaration am Etikett ist es meist dann auch so eine Sache. Interessant wird es, wenn ganz klein „Typ" neben der eigentlichen Bezeichnung Cappuccino steht. Die winzige Bezeichnung sagt schon aus, dass es sich nicht um echten Kaffee handeln kann. Dafür muss der Konsument in Relation zu echtem Kaffee tiefer in die Tasche greifen. [19]

Löskaffee ist ein Kaffeekonzentrat, das mittels zwei verschiedener Methoden gewonnen wird: durch die Sprüh- oder die Gefriertrocknung. Die Sprühtrocknung ist das ältere Verfahren. Hierbei wird Kaffee mit sehr hohem Druck durch kleine Düsen in eine Kammer gepresst. Diese hat eine höhere Temperatur und lässt dadurch Wasser verdampfen, sodass lediglich ein kleines Kaffeeextrakt-Kügelchen übrig bleibt. Bei der Gefriertrocknung läuft der Vorgang anders ab. Hier wird der noch flüssige Kaffee schnell auf ca. –50 °C abgekühlt und gefroren. Dann wird die Masse zerkleinert, um ein noch gefrorenes Granulat zu erhalten. Weiter geht es in eine Vakuum-Anlage, die ganz langsam das Granulat erwärmt und das Wasser herauszieht. Über 2 kg Rohkaffee werden benötigt, um 1 kg Löskaffee zu erhalten.

Auf den meisten Packungen von Pads ist nicht abzulesen, um welche Kaffeesorte oder -art es sich handelt. So wird dem Konsumenten die Kenntnis über den genauen Inhalt dieser heute so beliebten Pads im Grunde vorenthalten und verwendet wird statt echtem und gemahlenem Kaffee oft nur Löskaffee.

Die AK Wien setzt sich stark für Testungen im Bereich Kaffee ein. Alleine 2005 waren von 21 getesteten Kaffees zehn nicht in Ordnung. Was so viel heißt wie: nicht richtig deklariert und minderwertige Qualität dazugemischt. 2016 wurde ein Test der AK Tirol durchgeführt und auch hier waren von 16 getesteten Kaffees, die als 100 % Arabica deklariert waren, zwei nicht korrekt.

Die Reduktion von Aluminium in der Verpackung von Kaffee ist grundsätzlich nicht unmöglich! Für meine Rösterei habe ich eine Firma gefunden, die mir Beutel liefert, außen aus Papier und innen mit einer hauchdünnen Schicht PE-Verbund. Ich kann sie verschweißen und sie haben zusätzlich ein Aromaventil. In der Herstellung ist der PE-Verbund ressourcenschonender als Aluminium. Jeder Konsument entscheidet, welches Produkt und damit auch welche Verpackung er kauft. Je kleiner die Kaffee-Einheit verpackt ist, desto mehr Müll wird natürlich produziert!

Der Kunde sollte per Etikett wissen dürfen, welche Sorten genau inkludiert sind. Dies ist meiner Meinung eine ehrliche und faire Lösung für den Konsumenten. Das Wiener Kaffee-Institut setzt sich seit Jahren für eine solche genaue Deklaration auf der Verpackung ein. Leider wurde gesetzlich noch nicht darauf reagiert.

Bei meinem „Emmas Kaffee" ist auf jeder einzelnen Packung nicht nur deklariert, welche Sorte enthalten ist und wie lange die Mindesthaltbarkeit dauert (wobei Kaffee, ähnlich Getreide, bei richtiger Lagerung nahezu ewig haltbar ist), sondern auch das Röstdatum – so kann sich der Kunde ein gutes und vor allem ehrliches Bild machen, welch frisches Produkt er kauft.

im
kabfeehaus

» Café Central Melk

» Café Restaurant zum Fürsten

Das Wiener Kaffeehaus

Den Wiener-Kaffeehaus-Charme schon erlebt? Nicht?
Dann ist Ihnen etwas entgangen!

Das klassische Wiener Kaffeehaus besteht aus Sitz-Nischen, großen Fenstern, einem „Schanigarten", Spielmöglichkeiten wie beispielsweise Billard und natürlich dem reichhaltigen Angebot an Illustrierten. Es ermöglicht seinen Besuchern bei einer wunderbaren Tasse Kaffee und eventuell einer guten traditionellen Mehlspeise die Seele baumeln zu lassen.

Im Wiener Kaffeehaus gibt es keinen Stress und keine Hektik. Es ist ein Ort der Zusammenkunft, des Austauschs, der Ruhe oder des Spiels. Früher gab es in den Kaffeehäusern getrennte Bereiche für Damen und Herren.

Bezeichnend für klassische Kaffeehäuser ist auch eine reichhaltige Kaffeehauskarte. Die Palette an Kaffeevarianten ist reichhaltig. Auch der kleine Bissen für Zwischendurch sowie Spirituosen werden angeboten. Serviert werden ebenso Klassiker wie Würstel, Gulasch, verschiedene Suppen, Eiergerichte und die bereits erwähnten Mehlspeisen.

Der Ober (abgeleitet von „Oberkellner") darf im Wiener Kaffeehaus nicht fehlen! Er serviert sämtliche Köstlichkeiten und hat für jeden ein offenes Ohr. Des Weiteren ist er für den Wiener „Schmäh" zuständig, um die Gäste bei Laune zu halten.

Peter Alexander spielt in den Filmen „Saison in Salzburg" und „Im Weißen Rössl am Wolfgangsee" einen solchen klassischen Oberkellner.

Kaffee-Rezepte

KAFFEE MIT SCHUSS IN GASTRONOMIE UND HAUSBAR

In Österreich und natürlich weltweit gibt es zahlreiche Spezialkaffees. Dazu zählen zum Beispiel Fiaker, Gewürz-Kaffee, Rüdesheimer Kaffee, Irish Coffee und viele mehr. Jeder gute Gastronom nimmt die Dinge, die er in seiner Bar hinsichtlich Kaffee zur Verfügung hat, und kombiniert sie zu einer neuen Spezialität. So kann er seine Gäste überraschen. Das Gleiche kann man auch zu Hause machen. Der Fantasie sind dabei keine Grenzen gesetzt.

Hier ein paar Kreationen von mir:

Goldene Sehnsucht

› 1 Kleiner Schwarzer
› 1 Prise Tonkabohne
› 1 Prise Vanillepulver
› 1 Prise Kardamom
› 6 cl Obers
› 1 Stück weiße Schokolade

Den Kleinen Schwarzen in eine Doppel-Mokka-Tasse lassen, Gewürze dazugeben, mit Obers aufgießen und im Anschluss das Stück weiße Schokolade zufügen. Dieser Kaffee wird warm serviert.

Die Herzogin

› 1 Kleiner Schwarzer
› 2 cl Eierlikör
› 2 Nelken
› 2 cl Amaretto
› 1 TL Zucker

Den Kleinen Schwarzen in eine Doppel-Mokka-Tasse lassen. Eierlikör, Nelken, Amaretto und Zucker hinzugeben und verrühren. Dieser Kaffee wird warm serviert.

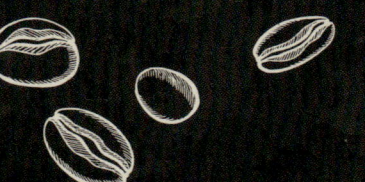

My Fair

› 1 Kleiner Schwarzer
› 1 Schuss Rosenlikör
› 2 cl Orangensaft
› 4 cl Sekt
› 1 Cocktailkirsche
› Eiswürfel

Den Kleinen Schwarzen in ein Rührglas geben, Eiswürfel dazu. Rosenlikör, Orangensaft und Sekt hinzugeben und gut verrühren. In ein Sektglas abseihen und die Cocktailkirsche hineingeben. Dieser Kaffeecocktail wird kalt serviert.

Silhouette

› 1 Kleiner Schwarzer
› 2 cl Wodka
› 2 cl Rum
› 2 cl Orangenlikör
› 4 cl Obers
› 1 Orangenscheibe
› Chrushed Eis

Den Kleinen Schwarzen in einen Shaker lassen. Wodka, Rum, Orangenlikör und Eiswürfel hinzufügen. Das Ganze shaken. Tumbler-Glas mit Crushed Ice zu ¾ befüllen. Cocktail aus dem Shaker abseihen, ohne Eis in den Tumbler leeren. Obers vorsichtig darübergießen. Strohhalm hineingeben und eine Orangenscheibe auf den Rand stecken. (Tumbler-Glas: ist ein rundes halbhohes Glas mit dickem Boden)

DER BARON

› 1 Kleiner Schwarzer
› 4 cl Gravensteiner Apfelbrand
› Schlagobershaube
› 1 Minzblatt
› 1 Prise Staubzucker

Den Kleinen Schwarzen in eine Doppel-Mokka-Tasse lassen. Den Brand hinzugeben, Schlagobershaube darauf und das Minzblatt mittig positionieren. Puderzucker darüberstreuen. Dieser Kaffee wird warm serviert.

VERWENDUNG VON KAFFEE IN DER KÜCHE

Kaffee lässt sich ebenso in der Küche hervorragend einbringen. Von verschiedensten Cremen über Dragees und Kuchen bis zu Saucen von Wildgerichten – der Kaffeegeschmack verleiht vielem eine wunderbare Note. Hier gilt wie bei Spezialkaffees oder Cocktails: Grenzen setzen sich nur Sie selbst. Einfach kreativ sein und mit dem spannenden Produkt Kaffee experimentieren.

Ein kleiner Auszug meiner Rezepte:

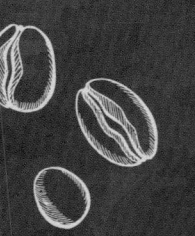

Kaffee-Zwetschken-Biskuit

für 8–10 Portionen

› 250 g Zucker
› 270 g Dinkelvollkornmehl
› 5 Eier
› 4 Kleine Schwarze
› 100 g Zwetschken
› 1 Schuss Rum

Die Zwetschken in Rum einlegen. Die Eier mit Zucker aufschlagen. Die Zwetschken klein schneiden. Die Kleinen Schwarzen in die Ei-Zuckermasse geben. Im Anschluss nach und nach das Mehl einrühren. Die Masse in eine mit Backpapier ausgelegte Kuchenform geben, die Pflaumen darüberstreuen. Bei 220 °C ca. 20–25 Minuten backen. Wenn der Kuchen fertig ist, abkühlen lassen und mit Puderzucker bestreuen.

KAFFEE-ZARTBITTER-SAUCE

für 2 Personen

› 2 Kleine Schwarze
› 8 cl Orangensaft
› 10 g Zartbitter-Schokolade
› 4 cl Rotwein
› 1 Lorbeerblatt
› 1 Prise Salz
› 1 Prise Majoran
› 1 Prise Kurkuma
› 1 Prise Petersilie
› 1 Schuss Obers

Die beiden Kleinen Schwarzen in einen Topf geben. Orangensaft, Rotwein und Zartbitter-Schokolade dazu. Gut rühren, damit die Schokolade nicht anbrennt. Ist die Schokolade voll und ganz flüssig, alle Gewürze hinzugeben. Noch einmal aufkochen lassen und zum Schluss noch einen Schuss Obers hinzufügen. Diese Sauce eignet sich hervorragend zu einem Rehrücken oder zu Schweinsfilet-Medaillons.

KAFFEE

Gewürz-Kaffeelikör

› 1 l 40 %-Ansatz-Korn
› 200 g Kaffeebohnen
› 2 ganze Bio-Orangen
› 2 Zimtstangen
› 6 Nelken
› 1 Prise Kardamom
› 1 Prise Galgant
› 200 g Rohrohrzucker
› 8 Kleine Schwarze

Den Ansatz-Korn in ein großes Glas (mit Gummidichtung) mit ca. 2 Liter Fassungsvermögen gießen. Orangensaft auspressen. Saft und die Schalen in das Glas hinzugeben. Gewürze, Kaffeebohnen und Zucker hineinschütten. Deckel gut verschließen und einmal gut schütteln. 6–7 Wochen auf die Fensterbank stellen und dort reifen lassen. Jeden zweiten Tag ist es notwendig, das Glas zu schütteln. Nach 6 Wochen den fast fertigen Likör durch einen Kaffeefilter in einen Topf abseihen. Im Anschluss die Kleinen Schwarzen dazugießen. Sollte es zu wenig süß sein, können Sie noch mit Honig nachsüßen. Nun ist der Kaffeelikör in Flaschen abfüllbereit.

Vegane Cappuccinocreme

<u>2 Portionen</u>

› 250 ml Hafer-Obers
› 1 Kleiner, Schwarzer
› 1 TL Flohsamenschalen
› 2 EL Honig
› 1 kräftige Prise Vanille
› ½ TL Kakaopulver
› 2 TL geraspelte Schokolade

<u>Zum Drüberstreuen:</u>
› 1 TL gemahlener Kaffee
› ½ TL Kakao
› ½ TL Rohzucker

Das Hafer-Obers mit dem Mixer aufschlagen. Wenn genügend Luft drinnen ist, den überkühlten Kaffee, die Flohsamenschalen, Honig, Vanille, Kakao und Schokoladeraspeln hinzufügen und alles gut durchrühren. Die Creme in Gläser oder Schälchen füllen. Den grob geriebenen Kaffee, Kakao und Zucker verrühren und auf die Creme streuen.

<u>Tipp:</u>
Das Dessert wird besonders lecker und gut verträglich, wenn Sie beim Kaffee auf gute Arabica-Bohnen achten! Diese haben ein feineres Aroma und sind wegen ihrem geringeren Säuregehalt besser verträglich.

(Das Rezept ist aus dem Kochbuch meiner Gattin Martina Pauzenberger „Tante Emma kocht nachhaltig", Freya Verlag 2017)

Kaffeezubereitungen

Verlängerter traditionell serviert

Ein Verlängerter ist ein mit heißem Wasser verlängerter Kaffee, dessen Basis ein Kleiner Schwarzer ist.

Der Kleine Schwarze wird in eine Doppel-Mokka-Tasse gelassen, mit einem Kännchen heißem Wasser und einem Glas Wasser serviert. Mit dem heißen Wasser kann man den Kaffee selbst so verlängern, wie man möchte. Das Glas Wasser wurde ursprünglich nicht wegen der Flüssigkeitszufuhr serviert, sondern um zu zeigen, wie reich man an Wasser ist. Heute hat sich das Glas Wasser eingebürgert und man weiß vom ursprünglichen Ritual nichts mehr. Dieses Brauchtum kommt aus dem arabischen Raum und ist ein Zeichen der Wertschätzung des Gastes.

KLASSISCHE UND SPEZIALKAFFEES IM KAFFEEHAUS

Es gibt viele verschiedene klassische Kaffees, die auf Kaffeehauskarten zu finden sind. Dazu zählen beispielsweise Fiaker, Obermayer, Maria Theresia, Melange, Großer Brauner und viele mehr.

Einer der Mythen ist, dass Cappuccino ebenso wie Caffè Latte in Italien entstanden seien. Dem ist nicht so! In Österreich hieß der Cappuccino früher „Kapuziner" und der Caffè Latte, „Kaffee verkehrt". Serviert wird der Kapuziner traditionell mit Schlagobershaube.

Um auch wirklich die klassischen Kaffeearten zubereiten zu können, finden Sie in den nächsten Zeilen die richtigen Rezepturen für die Zubereitung mit der Kaffeemaschine. Die zu verwendenden Kaffeemengen sind für einen Kleinen Schwarzen 8 g und für einen Großen Schwarzen 16 g.

Kleiner Schwarzer
Für einen kleinen Schwarzen benötigt man 8 g gemahlenen Kaffee und eine kleine Portion Wasser (Mokka-Tasse).

Großer Schwarzer
Für einen großen Schwarzen benötigt man 16 g gemahlenen Kaffee und eine große Portion Wasser (Doppel-Mokka-Tasse).

Kleiner Brauner
Für einen Kleinen Braunen nimmt man 8 g gemahlenen Kaffee und eine kleine Portion Wasser (Mokka-Tasse). Damit er seinem Namen gerecht wird, serviert man dazu ein kleines Kännchen Milch oder Obers. Empfehlenswert wäre, Obers und Milch im Verhältnis 60 % Milch zu 40 % Obers zu mischen. Somit erhält man noch mehr Geschmack. Die Verwendung von nicht homogenisierter Milch oder Rohmilch ist statt diesem Mischverhältnis durchaus möglich.

Großer Brauner
Für einen Großen Braunen benötigt man 16 g gemahlenen Kaffee und eine große Portion Wasser (Doppel-Mokka-Tasse). Damit er seinem Namen gerecht wird, serviert man dazu ein kleines Kännchen Obers oder Milch. Empfehlenswert wäre, Milch und Obers im Verhältnis 60 % zu 40 % zu mischen. Somit erhält man noch mehr Geschmack.

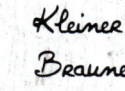 
Kleiner Brauner

Verlängerter

Für einen Verlängerten verwendet man 8 g gemahlenen Kaffee und eine kleine Portion Wasser (Mokka-Tasse). Dazu wird eine Portion heißes Wasser serviert, um selbst verlängern zu können. Gereicht wird dieser jedoch in einer Doppel-Mokka-Tasse.

Verlängerter

Kapuziner

Für einen Kapuziner benötigt man 16 g gemahlenen Kaffee und eine große Portion Wasser (Doppel-Mokka-Tasse). Im Anschluss wird eine schöne Haube mit geschlagenem Obers daraufgegeben und mit Kakaopulver bestreut.

Cappuccino

Für einen Cappuccino benötigt man 16 g gemahlenen Kaffee und eine große Portion Wasser (Doppel-Mokka-Tasse). Im Anschluss mit heißer Milch und Milchschaum auffüllen und mit Kakaopulver bestreuen. Aus dem Kapuziner entstand letztendlich der Cappuccino.

Melange

Für eine Melange benötigt man 8 g gemahlenen Kaffee und eine kleine Portion Wasser (Mokka-Tasse). Im Anschluss mit heißer Milch und Milchschaum auffüllen und in einer Doppel-Mokka-Tasse servieren.

Caffè Latte

Für einen Caffè Latte benötigt man 8 g gemahlenen Kaffee und eine kleine Portion Wasser (Mokka-Tasse). Zuerst die heiße Milch und etwas Milchschaum in ein Kaffeeglas geben und etwas setzen lassen. Im Anschluss den Kleinen Schwarzen hineingeben. Kaffee verkehrt ist eine ähnliche Variante. Hier werden auch $\frac{2}{3}$ Milch und $\frac{1}{3}$ Kaffee verwendet.

Schale Gold

Für eine Schale Gold benötigt man 8 g gemahlenen Kaffee und eine kleine Portion Wasser (Mokka-Tasse). Serviert wird die Schale Gold mit einem separaten, größeren Kännchen Milch als beim Braunen. Hier ist ebenso wieder die Mischung von Milch und Obers empfehlenswert.

Caffè Latte

Obermayer

Für einen Obermayer benötigt man 8 g gemahlenen Kaffee und eine kleine Portion Wasser (Mokka-Tasse). Mit etwas Zucker süßen und im Anschluss über einen Suppenlöffel kaltes Obers in die Tasse gießen. Der Effekt sollte so sein, dass sich eine kalte Obers-Schicht bildet und der heiße Kaffee durch diese Schicht getrunken werden kann. Dieser Spezialkaffee kam über einen Wiener Philharmonisten zu seinem berühmten Namen.

Obermayer

SCAN ZUM VIDEO
(ZUBEREITUNG OBERMAYER)

Fiaker

Für einen Fiaker benötigt man 16 g gemahlenen Kaffee und eine große Portion Wasser (Doppel-Mokka-Tasse). Serviert wird dieser in einem Wasserglas und mit Staubzucker bestreut. Es gibt auch noch eine zweite Variante: Dabei kommt noch ein Schuss Rum in die Tasse. Den Namen hat der Kaffee von den Pferdekutschern in Wien.

Maria-Theresia-Kaffee

16 g gemahlenen Kaffee und eine große Portion Wasser (Doppel-Mokka-Tasse) in eine Tasse lassen. 2 cl Orangenlikör hinzugeben, mit geschlagenem Obers auffüllen und bunte Streusel daraufgeben.

Kaiser-Melange

Die Kaiser-Melange ist eine kleine Legende und ein Muntermacher schlechthin.
Wie kam es zu diesem Kaffee?
Die Legenden dazu sind eher willkürlich als wirklich stichhaltig. So heißt es, dass es im Krieg knapp an Milch war. Der Kaiser trank dennoch gerne seine Melange mit ein wenig Honig und einem Schuss Cognac. Da er darauf nicht verzichten wollte und trotz Knappheit genügend Eier zur Verfügung waren, ließ er sich von seinen Dienern die Melange mit einem Eidotter machen.
Man nimmt 16 g gemahlenen Kaffee, eine große Portion Wasser (Doppel-Mokka-Tasse), einen Eidotter und etwas Honig. Eidotter und Honig miteinander verrühren und nach und nach den großen Schwarzen hineinleeren. Zum Schluss 2 cl Cognac hineingeben und dann ist das kaiserliche Getränk fertig.

Fiaker

recycling

Peeling
aus Kaffee

VERWENDUNG DES KAFFEE-ABFALLS
UND RÜCKFÜHRUNG IN DIE NATUR

Mir persönlich ist es wichtig, alle Bestandteile eines Produkts, mit dem ich arbeite, zu verwerten. Deshalb versuche ich auch, den kompletten Kaffeeabfall zu recyceln.

Den gesiedeten Kaffeesatz nütze ich als Dünger für den Garten oder für Zimmerpflanzen. Ebenso verwende ich die beim Röstvorgang anfallenden Silberhäutchen zum Düngen.

Mit Kaffeesatz kann man allerdings auch **Peelings oder Seifen** machen. Für das Peeling nimmt man einen Esslöffel Satz, einen Esslöffel kalt gepresstes Sonnenblumenöl, eine Prise Meersalz und eventuell 1–2 Tropfen ätherisches Öl nach Belieben.

So ist der Hauptabfall des Kaffees schon einmal sehr gut verwertet. Natürlich kann man den Kaffeesatz auch kompostieren.

Kaffeebohnen kann man auch anderwärtig verwenden. Vor allem um starke Gerüche zu binden. Das trifft etwa auf ältere Kleiderschränke zu. Man gibt eine Handvoll Kaffee in ein Tüchlein und schnürt es zu, hängt es in den Schrank und nach ein paar Stunden oder wenigen Tagen riecht es nur mehr ein wenig nach Kaffee. Die üblen Gerüche sind verschwunden. An der Kleidung haftet aber nichts von den Kaffeearomen.

Ich wollte für meinen Laden immer schon einen großen Tisch, an dem mindestens acht Sitzplätze zur Verfügung stehen. Mein Schwager, der selbstständiger Tischler ist, hat mir diesen besonderen Traum erfüllt und einen wunderbaren Kaffeetisch angefertigt. Es ist ein Tisch aus Birnenholz, der in der Mitte gerissen ist. In diesem Riss hat er mir Stücke von Jutesäcken und Kaffeebohnen in den verschiedenen Röststadien eingearbeitet. Von den grünen Rohkaffee-Bohnen über die Bohnen bei einer Röstung von ca. 8 Minuten bis zur perfekten Wiener Röstung sind einige in diesem Tisch vergossen. Auf diesem Schmuckstück bieten wir in unserem Laden unseren Mittagstisch oder eben auch Kaffeeverkostungen an.

Angeliefert wird der Rohkaffee in Jutesäcken, die oft wunderbar bedruckt sind. Diese Säcke eignen sich perfekt, um Pflanzen, die Frost nicht aushalten, einzuwintern. Die Jute schützt junge Triebe oder Blätter vor Kälte. Zumeist muss man diese Pflanzen ohnehin von draußen nach drinnen holen. Wer keine Pflanzen hat und doch etwas daraus machen möchte, kann die Säcke als Dekorations-Stücke verwenden. Kinder in Kindergärten freuen sich über neue Säcke zum Sackhüpfen.

Für meine Kaffeeverkostungen habe ich sogar eine Schürze, eine passende Tischdecke, eine Kappe und eine Krawatte aus Jute gefertigt.

Was kann man sonst noch mit diesem vielseitig verwendbaren Naturmaterial machen?
... Der Fantasie sind keine Grenze gesetzt.

Viel Spaß beim Tüfteln! Die Natur war es, die uns das Geschenk Kaffee gegeben hat, und dafür dürfen wir dankbar sein.

*Der Kaffee muss so süß sein wie
die Küsse eines Mädchens am ersten Tag,
so heiß wie die Nächte in ihren Armen
und schwarz wie die Flüche der Mutter,
wenn sie es erfährt.*

Arabisches Sprichwort

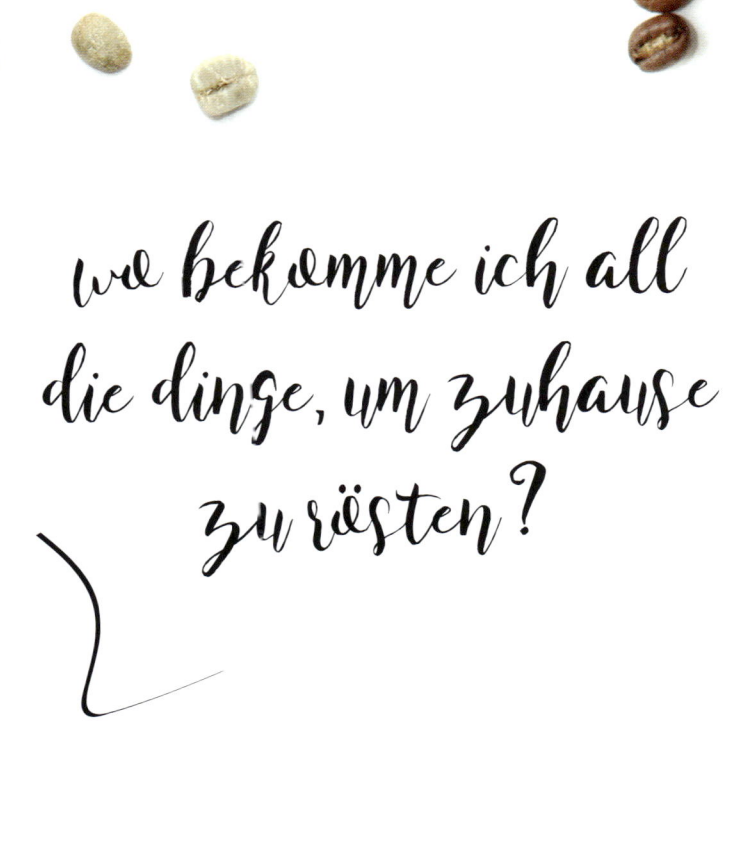

wo bekomme ich all die dinge, um zuhause zu rösten?

Diese Frage ist überaus berechtigt. Früher brauchte man für diese Grundzutaten zumeist nur die im Ort ansässige Greißlerei oder den Kramer-Laden. Heute führen Supermärkte keine Kaffeeröster mehr, geschweige denn Rohkaffee.

Doch im deutschsprachigen Raum entstehen mittlerweile wieder viele kleine Kaffeeröstereien, bei denen man Rohkaffee kaufen kann. Ein Umdenken ist im Gange. Empfehlenswert ist, genau nachzufragen, sollten Sie derartige Utensilien kaufen.

Emmas Laden

Meine Frau Martina und ich führen *Emmas Laden*. Der Name entstand durch unsere mittlerweile 4 Jahre junge Tochter, ohne die es diesen Laden nicht gäbe. Sie war für Martina und mich die Inspiration dazu. *Emmas Laden* ist der regionale, nachhaltige und ökologische Nahversorger für Körper, Geist und Seele. Wir sind wie eine Krämerei von früher, mit hauseigener Kaffeerösterei und frischer, vegetarischer Küche.

Grundsätzlich bekommen Sie all die im Buch genannten Dinge in *Emmas Laden* in Neumarkt im Hausruckkreis (Oberösterreich). Hier ist das Motto, dass (fast) alles, weswegen Sie anfragen, möglich gemacht wird. In Emmas Laden erhalten Sie Arabica-Rohkaffee in Top-Qualität. Der Rohkaffee ist immer die frischeste Ernte und wird fair gehandelt. Weiters führen wir Kaffeemühlen, Karlsbader Kannen und viele andere Kaffeeutensilien. Auf Anfrage bieten wir Seminare und Kaffeeverkostungen an. Weitere Tätigkeitsbereiche sind Qualitätsüberprüfungen von Kaffee, Vorträge über Kaffee und Weitergabe von Kaffeewissen in Form von WIFI-Kursen oder Buchungen von privaten Kursen.

www.emmas-laden.at

zum beispiel bei mir im laden!

Emmas Pfannenröster

Nach dem Vorbild eines alten Pfannenrösters um die Jahrhundertwende tüftelten ein Bekannter und ich, um eine Lösung zu finden, Kaffeerösten wieder haushaltsküchentauglich zu machen. Zusammen entwickelten wir diesen Pfannenröster. Er ermöglicht es, Kaffee wieder zu Hause, in der Gastronomie oder auch am Campingplatz rösten zu können.

Mir war und ist es wichtig, die Tradition rund um mein „Bohnengold" selbst hegen und pflegen und meine Liebe zu den Bohnen ausdrücken zu können.

Unser Pfannenröster ist so aufgebaut, dass Sie Kaffee auf einer E-Herd-Platte, Ceran-Feld, Induktionsfeld, Gasherd oder sogar am Lagerfeuer rösten können. Es ist ein Röster aus reinem Edelstahl, der in Kallham (Oberösterreich) von Hand gefertigt wird und sowohl rostfrei als auch geschirrspülertauglich ist. Man kann nicht nur Kaffee damit rösten, sondern alle Arten von Nüssen, Saaten und es ist auch möglich, Popcorn damit zu machen. Mit diesem Pfannenröster haben Sie unendlich viele Möglichkeiten, um vollsten Genuss zu leben! Der Röster ist in *Emmas Laden* mit Vorbestellung erhältlich!

MEINE FAVORITEN: Womit ich am liebsten arbeite!

Ich persönlich verwende Produkte von Firmen mit Tradition und Effizienz. Dabei hinterfrage ich, was das Produkt kann, welchen Nutzen es bringt, wie die Beschaffung von Ersatzteilen gehandhabt wird, die Kompetenz der Firma und deren Mitarbeiter, den Preis und zu guter Letzt die Langlebigkeit des Produkts.

Diese Faktoren sind immer das Erste, was ich mir ansehe. Werden diese Kriterien erfüllt, empfehle ich die Geräte auch meinen Kunden. Mir ist es wichtig, die Funktionen selbst geprüft zu haben, um auch wirklich die richtige Auskunft geben zu können.

Ich habe auf Seite 64 bereits viele Kriterien einer Espressomaschine beschrieben. Erwähnen möchte ich noch, dass nicht alles teuer sein muss, um gute Ergebnisse zu erzielen. Es zählt vor allem auch die Langlebigkeit der Produkte. Genau aus diesem Grund verwende ich die Handmühle der Traditionsfirma Zassenhaus. Diese Manufaktur wurde 1867 gegründet und legt höchsten Wert auf Qualität und Funktionalität.

Weiters verwende und empfehle ich die Karlsbader Kanne von der Firma Walküre aus Bayreuth.

Zu guter Letzt Gastroback. Diese Firma für Kaffeemaschinen ist jung im Gegensatz zu den beiden vorhergehenden. Gastroback Espressomaschinen erfüllen alle Anforderungen, die eine Espressomaschine haben muss. Hier ist vor allem das Preis-Leistungsverhältnis sehr interessant. Ich verwende diese Maschinen schon einige Zeit und bin voll und ganz zufrieden damit. Für die gewerbliche Nutzung einer Espressomaschine ist der Service sehr wichtig. Aus diesem Grund sollte man sich nach einem kompetenten Partner umsehen. Die Marke ist dabei eher nebensächlich.

Zassenhaus
Manufaktur aus Leidenschaft

Die Firma wurde von Julius Cleff und Robert Zassenhaus im Jahr 1867 gegründet. Ursprünglich war es ein Exportunternehmen für Werkzeuge und Kleineisenwaren. 1887 startete Robert Zassenhaus mit der Produktion von Stoßmühlen, wobei ihm seine Söhne Unterstützung gaben. 1895 wurde die Fabrik in Schütze-Schwelm erbaut und bereits 1924 wurden die ersten Brotschneidemaschinen, Pfeffermühlen, Plätteisen und Reibemaschinen produziert. Ein Jahr später wurde der Löwe mit Schirm zur Schutzmarke und sie exportierten in alle Welt. 1957 vernichtete ein Großbrand sämtliche Holzvorräte und ein neues und noch größeres Werk wurde gebaut. Über die Zeit kamen immer mehr Produkte in das Sortiment, die Firma war und ist bemüht, mit der Zeit zu gehen. 2007 wurde Zassenhaus mit dem Sitz in Solingen neu gegründet.

Seit 2012 verwendet die Firma innovative Techniken für moderne Anwendungsbereiche.

Bis heute finden Sie noch alte Handkaffeemühlen von Zassenhaus auf Flohmärkten. Wenn Sie diese zu reinigen verstehen, können Sie sie nach wie vor verwenden. Sie liefern immer noch tolle Ergebnisse.

Ich verwende am liebsten die Kaffeemühle „Brasilia". Ihre nostalgische Optik, ihr sehr gutes Mahlwerk und die hervorragende Handhabung haben es mir angetan. Die Mahlung ist einfach einzustellen und Sie bekommen immer ein tolles Ergebnis.

Porzellanfabrik Walküre

Tradition aus „Weißem Gold"

Seit nun über 100 Jahren besteht die Firma Walküre. Sie wurde vom Porzellanmaler Siegmund Paul Meyer 1896 gegründet. Die Erfolgsgeschichte begann 1899 durch schnelles Wachstum der Porzellanmalerei. Um nicht vom Weißgeschirrlieferanten abhängig zu sein, entstand die Porzellanfabrik Siegmund Paul Meyer und das feuerfeste Geschirr „Walküre" wurde eine begehrte Spezialität. Zur Zeit des Ersten Weltkriegs fand Meyer kaum Personal und Rohstoffe, doch die 20er-Jahre brachten wieder Schwung in das Unternehmen. Die Firma etablierte sich und trägt bis heute den Namen „Erste Bayreuther Porzellanfabrik Walküre Siegmund Paul Meyer GmbH".

Auch für die Firma Walküre wurden in den 50er-Jahren Automatisierung und Technisierung, ebenso wie Spezialisierung ein Thema. Ein großer Schwerpunkt wurde Porzellan für die Gastronomie. 1999 konnte die Firma Walküre auf 100 Jahre erfolgreiche Firmengeschichte zurückblicken. Heute führt schon die vierte Generation das Unternehmen.

Die Karlsbader Kanne habe ich bereits bei den klassischen Filter-Zubereitungsarten kurz beschrieben. Durch das vierteilige System erhalten Sie reinen Aroma-Kaffee. Es gibt die Kanne auch in moderner Form, ebenso nur den Aufsatz für eine Tasse.

Sie ist einfach in der Verwendung. Hat man den richtigen Mahlgrad und die passende Temperatur des Wassers, steht dem Genuss nichts mehr im Weg. Wie beschrieben, sind eine etwas gröbere Mahlung und nur siedendes Wasser, damit Sie den Kaffee nicht verbrennen, notwendig.

Ich verwende am liebsten die klassische Kanne. Dies ist eine rein optische Entscheidung, da beide Varianten ein hervorragendes Ergebnis liefern.

DAS ERSTE ÖSTERREICHISCHE KAFFEEINSTITUT UND DIE QUALITÄTSRÖSTER

Das Kaffee-Institut

Dieses Institut ist im Moment weltweit das einzige dieser Art, denn es ist ausnahmslos firmenneutral und forscht ausschließlich zum Zweck der Förderung der Kaffeekultur und des Erhalts der Tradition. Prof. Leopold Josef Edelbauer gründete 1998 das Erste Österreichische Kaffee-Institut in Hietzing, an der Volkshochschule. Wichtige Forschungen wie „Kaffeeröstaromastoffe und Duft im klassischen Wiener Kaffeehaus" von Mag. Patricia Pauzenberger wurden vom Institut unterstützt. Dem Kaffee-Institut ist es wichtig, das erworbene Wissen weiterzugeben, Ausbildungen anzubieten und über Kaffee aufzuklären. Es gibt drei Stufen der Ausbildung: Kaffee-Experte, Kaffee-Sommelier, Chef-Diplom-Kaffeesommelier.

v.l.n.r.: MAS Markus Madar, Prof. Edelbauer und Michael Pauzenberger bei der Verleihung zum Qualitätsröster 2016

Die Qualitätsröster

Die Qualitätsröster sind ein Zusammenschluss elf verschiedener Kaffeeröstereien, welche die Tradition und das Handwerk des Röstens pflegen. Sie arbeiten ausschließlich nach höchsten Qualitätskriterien. Der Initiator der Qualitätsröster ist Prof. Leopold Edelbauer und für die Organisation ist MAS Markus Madar zuständig. Herr Madar ist Betreiber mehrerer Kaffeehausbetriebe und setzt sich für die Kaffeekultur und die Aufklärung der Konsumenten ein.

Wo Sie sich auf die Qualität verlassen können!

Kaufen Sie am besten bei kleinen Röstereien ums Eck. Es ist nicht nur so, dass Sie damit Arbeitsplätze und mögliche Lehrplätze in Ihrer Region fördern, sondern meist auch dementsprechend kompetente Beratung erhalten. In Österreich etablieren sich Gott sei Dank immer mehr Kaffeeröstereien und die Tradition wird weitergeführt.

zum schluss

MEINE PERSÖNLICHE NOSTALGIE

Im Laufe unseres Lebens begegnen uns Menschen und Situationen, die uns prägen. Des Weiteren verbinden wir oft mit bestimmten Dingen unseres Daseins ganz besondere Erinnerungen. So auch in meinem Fall:

Meinen ersten Kaffeeröster baute mein Vater nach einem alten Vorbild nur für mich. Als dieser fertig war, meinte er zu mir: „Geh zu deinem Großvater und frag ihn, ob er dir die Griffe drechselt." Mein Großvater Heinrich war gerade in seiner Holzwerkstatt, als ich kam. Seine Antwort kam prompt: „Wann brauchst du diese? Ich habe viel Arbeit!"

Ich meinte, er könne sich so viel Zeit nehmen, wie er brauche, und ging. Gleich am nächsten Tag kam er zu mir und gab mir die Holzgriffe mit einem breiten Lächeln. Nun konnte ich voller Freude die erste Probe-Röstung mit meinem eigenen Kaffeeröster machen! Mit diesem ersten Röster habe ich 1,6 Tonnen Kaffee geröstet und das alles von Hand über dem offenen Feuer.

Meine Großmutter Cecilia trank früher immer ihre Tasse koffeinfreien Kaffee. Als ich mit den Ausbildungen am Kaffee-Institut begann, fing ich zu Hause gleich zu rösten an. Meine Großmutter war begeistert davon. Da ohnehin Arabica weniger Säure und weniger Koffein beinhaltet, war sie schon interessiert. Als ich ihr erzählte, dass ich einen Arabica aus Äthiopien namens *Sidamo* habe, auf dem die vorher genannten Eigenschaften zutreffen, zauberte ihr das ein Lächeln ins Gesicht.

Ich freue mich, dass ich meiner Großmutter in ihren letzten Jahren den Genuss des Kaffeetrinkens noch versüßen durfte. Im Andenken an meine Großmutter Cecilia habe ich bis heute den *Sidamo* aus Äthiopien im Sortiment. Ich bin ihr noch heute dankbar für jedes Lächeln, das sie hatte, wenn sie sagte: „Michael, könntest du mir beim nächsten Mal einen Kaffee mitbringen? Du weißt schon den einen!" Noch heute muss ich schmunzeln, wenn ich eine Tasse *Sidamo* trinke, in Gedenken an meine Großmutter.

DAS WORT ZUM SCHLUSS

Kaffee ist und bleibt ein Genussmittel, das sich in viele Herzen unserer Mitmenschen gezaubert hat. Wichtig ist, nicht zu vergessen, dass Kaffee ein Mittel der Kommunikationsförderung ist, denn bei Kaffee und Kuchen kommen Leute ins Plaudern.

Eine Tasse Kaffee entschleunigt den Alltag und bringt einen zur Ruhe, wenn man sich die Zeit nimmt und diese auch wirklich genießt. Kaffee ist ein wunderbarer Zauber, der in solch einer Vielfalt vorhanden ist, dass man ihn sein Leben lang nicht ausgekostet hat, da immer wieder Neues entsteht. Lassen wir wieder die Tradition, die Kultur und den Genuss bei unserer Haustür reinkommen und erfreuen wir uns an wunderbaren Genussstunden!

Ich persönlich werde Tag für Tag weiterhin genüsslich Kaffee rösten, trinken und genießen. Mir ist es auch wichtig, Mitmenschen aufzuklären und junge Leute zu fördern. Wissen ist eines unserer größten Güter und ich möchte und werde dieses nach meinen ganz persönlichen und höchsten Qualitätskriterien weitergeben.

   An dieser Stelle möchte ich mich bei Ihnen bedanken. Sie sind jemand, der es möglich macht, diesen Zauber wieder weiter entfachen zu lassen.

... WEIL ICH ES LIEBE, MEIN BOHNENGOLD!

Die beste Methode, das Leben angenehm zu verbringen, ist, guten Kaffee zu trinken. Und wenn man keinen haben kann, so soll man versuchen, so heiter und gelassen zu sein, als hätte man guten Kaffee getrunken.

Jonathan Swift

Quellennachweis:

[1] Quelle: Dichlormethan, *http://www.chemie.de/lexikon/Dichlormethan.html*, Seite aufgerufen am 05.07.2017

[2] Quelle: Leber, Bericht DIfE Deutsches Institut für Ernährungsforschung, *http://www.dife.de/presse/pressemitteilungen/?id=1338*, Seite aufgerufen am 05.07.2017

[3] Quelle: Herz, Bericht Welt, *https://www.welt.de/gesundheit/article138179346/Kaffee-ist-gut-fuers-Herz-und-beseitigt-Zellschrott.html*, Seite aufgerufen am 05.07.2017

[4] Quelle: Diabetes, Welt, *https://www.welt.de/gesundheit/article127314707/Mehr-Kaffee-trinken-koennte-vor-Diabetes-schuetzen.html*, Seite aufgerufen am 05.07.2017

[5] Quelle: Magen, Fruchtbarkeit, Brust und Gebärmutter, Darm, Morbus Parkinson, Ohr, Filterkaffee die bekömmlichste Form des Kaffeegenusses; Bericht Gesundheitslexikon, *http://www.gesundheits-lexikon.com/Ernaehrung-Diaeten/Genussmittel/Kaffee.html*, Seite aufgerufen am 05.07.2017

[6] Quelle: Schwangerschaft, Abhängigkeit, Angstanfälle, Schlaf, Kopfschmerzen, Prostata, Depressionen, Gicht, Physische Leistungsfähigkeit, Geistige Leitungsfähigkeit, Wachsamkeit, Asthma, Übersäuerung, Bauchspeicheldrüse, Gallensteine; Bericht: Deutsches Grünes Kreuz, *http://www.kaffee-wirkungen.de/infomaterial/*, Seite aufgerufen am 31.03.2017

[7] Quelle: Gehirn, Entzündungen, Bericht: Deutsches Grünes Kreuz, *http://www.kaffee-wirkungen.de/aktuelles/neuigkeiten/*, Seite aufgerufen am 31.03.2017

[8] Quelle: Erektionsprobleme, Bericht Welt, *https://www.welt.de/gesundheit/article141443510/Kaffeetrinker-haben-weniger-Erektionsprobleme.html*, Seite aufgerufen am 05.07.2017

[9] Quelle: Multiple Sklerose, Bericht Welt, *https://www.welt.de/gesundheit/article2173092/Koffein-verhindert-moeglicherweise-MS.html*, Seite aufgerufen am 05.07.2017

[10] Quelle: Schlaganfall-Risiko, Bericht Welt, *https://www.welt.de/gesundheit/article12771475/Kaffee-senkt-bei-Frauen-Schlaganfall-Risiko.html*, Seite aufgerufen am 05.07.2017

[11] Quelle: Haut, Bericht: Berliner Zeitung, *http://www.berliner-zeitung.de/wissen/studie-kaffee-schuetzt-vor-hautkrebs-1350214*, Seite aufgerufen am 31.08.2017

[12] Quelle: Koffeinfreier Kaffee, Bericht Welt, *https://www.welt.de/print-welt/article180983/Koffeinfreier-Kaffee-ist-fuer-das-Herz-schaedlicher-als-koffeinhaltiger.html*, Seite aufgerufen am 31.03.2017

[13] Quelle: Dehydration, Studie: Killer SC, Blannin AK, Jeukendrup AE (2014) No Evidence of Dehydration with Moderate Daily Coffee Intake: A Counterbalanced Cross-Over Study in a Free-Living Population. PLoS ONE 9(1): e84154. doi:10.1371/journal.pone.0084154, *http://journals.plos.org/plosone/article?id=10.1371/journal.pone.0084154,* Seite aufgerufen am 31.03.2017

[14] Quelle: Lebensverlängerung, Bericht: Harvard T.H Chan School of Health, *https://www.hsph.harvard.edu/news/press-releases/moderate-coffee-drinking-may-lower-risk-of-premature-death/,* Seite aufgerufen am 10.11.2016

[15] Quelle: Verdauung, Bericht: Stern, *http://www.stern.de/gesundheit/warum-wirkt-kaffee-abfuehrend--5383816.html,* Seite aufgerufen am 31.08.2017

[16] Quelle: Hormonhaushalt, Bericht: Welt, *https://www.welt.de/gesundheit/article129646181/Coffee-to-go-Wenn-Gift-im-Pappbecher-steckt.html,* Seite aufgerufen am 02.10.2016

[17] Quelle: Einfrieren von Kaffee, Uman, E. et al. The effect of bean origin and temperature on grinding roasted coffee. Sci. Rep. 6, 24483; doi: 10.1038/srep24483 (2016). *https://www.nature.com/articles/srep24483*

[18] Quelle: Von Natur aus koffeinfreie Kaffeepflanzen in Äthiopien entdeckt, Bericht: vista verde, *http://www.vistaverde.de/news/Wissenschaft/0406/23_kaffee.php,* Seite aufgerufen am 05.07.2017

[19] Quelle: Zaubertüte Kaffee, Bericht Senseo Pads (VKI), *https://www.konsument.at/lebensmittel-check/senseo-cappucino-pads,* Seite aufgerufen am 10.11.2016

. . . .

Martina Pauzenberger

Tante Emma kocht nachhaltig
Essen. Lieben. Sinnen.

Kochen und dabei meditieren! Geht das? – Ja. Das Buch bringt neue Aspekte und Wohlbefinden in den Küchen-Alltag!

Viele klassische Rezepte werden gesund und vegetarisch nach regionalen und saisonalen Eckpunkten neu interpretiert. Und – ungewöhnlich für ein Kochbuch – dabei kommt auch die Entspannung nicht zu kurz! Anleitungen für Koch-Meditationen verwandeln die Tätigkeit des Kochens in eine entspannte, aufgelockerte, besinnliche Handlung.

ISBN 973-3-99025-307-6

Andreas Prammer, Jochen Gschwandtner

DIY Peeling
Schön geschrubbt

Durch die verschiedensten Peeling-Varianten erlernen die Anwender schnell, welche Wirkung die diversen Inhaltsstoffe erzielen und welche Effekte sie auf der Haut hervorrufen. Die neueste Wunderwaffe gegen unreine Haut, Cellulite oder Akne heißt Kaffee. Innovative Peelings nutzen die weitreichende Wirkung des Kaffees mit erstaunlichen Ergebnissen. Die Haut wird besser durchblutet. Eine zusätzliche Vielzahl aromatischer und heilsamer Zutaten kann individuell und kreativ zu immer neuen Variationen verarbeitet werden.

ISBN 978-3-99025-267-3

Erhältlich im gut sortierten Buchhandel.
www.freya.at ● www.freya-verlag.de